BARBARA POST
STEFAN LIPSKY

UNTERWEGS IN DITHMARSCHEN

TOURENBEGLEITER

zwischen Elbe, Eider, Nordsee und Nord-Ostsee-Kanal

BOYENS

BOYENS
BUCHVERLAG

ISBN 978-3-8042-1557-3

Herstellung: Boyens Buchverlag
Layout und Gestaltung: Dörte Kromrei
Druck: BELTZ Bad Langensalza GmbH, Bad Langensalza
Printed in Germany

www.boyens-buchverlag.de

INHALT

DITHMARSCHEN ZUM ENTDECKEN

Die Dithmarscher sind schon ein eigener Menschenschlag, sie lieben ihre Heimat, sind stolz auf ihre Geschichte.

Auswärtigen, Zugereisten, Gästen oder Tagesbesuchern eröffnet sich eine Vielfalt von landschaftlichen Sehenswürdigkeiten und Besonderheiten – aber manchmal auch erst auf den zweiten Blick. Deshalb sollte man auch genau hinsehen, denn dieses Dithmarschen hat viel zu bieten.
Natürlich sind da der Kohlanbau, die Kohlfeste, das besondere Beugelbuddelbier aus Marne, die Krabben aus Büsum – alles weit über die Grenzen Dithmarschens hinaus bekannt. Eher ein Geheimtipp dagegen ist ein Dithmarscher Traditionsrezept: Mehlbüdel (hochdeutsch Mehlbeutel), eine norddeutsche Mischung von herzhaft und süß.
Aber die Kultur, ihre Künstler wie Sarah Kirsch, die über Dithmarschen einst sagte „97 Prozent Himmel über Tielenhemme", Christian Friedrich Hebbel oder Klaus Groth, der erzählte „Ich war am liebsten auf der Geest, in Tellingstedt, wo drei Onkel von uns wohnten. Hier habe ich am

Frühjahr am Deich – ein Schaf mit Lämmern.

Mühlenbach, am Teich im Schatten der Erlen die frohesten Spiele gespielt, die heitersten Träume geträumt …"
Dabei ist Dithmarschen eigentlich eine große grüne Insel. An allen Seiten umgeben von Wasser – von der Nordsee, der Elbe, dem Nord-Ostsee-Kanal und der Eider. Wer nach Dithmarschen will, muss über Brücken oder mit Fähren fahren. Die Insellage wird in Tielenhemme und Delve spürbar, wo im Sommer noch heute kleine Fähren über die Eider setzen.
Und die maritime Seite zeigt sich im Büsumer Hafen, wo nicht nur Fähren nach Helgoland und Fischer zum Krabbenfang ablegen, sondern wo auch ein sehenswerter Museumshafen etwas über die maritime Geschichte erzählt.
Wer genau hinsieht, kann in Dithmarschen viel entdecken: Vom Mittelpunkt in Heide mit Deutschlands größtem Marktplatz, über Meldorf mit dem Dom und den beiden größten Museen Dithmarschens, nach Wesselburen mit der Geschichte des Kohlanbaus, Lunden mit dem Dithmarscher Geschlechterfriedhof, Albersdorf mit seinem Steinzeit-Zentrum, Burg mit der historischen Bökelnburg und schließlich Brunsbüttel mit den großen Schleusen am Nord-Ostsee-Kanal.

Vielfältigere Natur als in Dithmarschen gibt es in Schleswig-Holstein kaum zu erleben – von der einzigartigen Wattenmeerküste mit ihren zusammen 90 Kilometer langen Deichen in der ersten Deichlinie über das platte, fruchtbare Marschland bis zur Geest im Osten mit ihren Hügeln und Wäldern.
Und man wird es nicht glauben – Dithmarschen ist auch Schleswig-Holsteins Energieproduzent Nr. 1 mit einer eigenen Ölförderung auf der Mittelplate in der Nordsee, der Raffinerie in Hemmingstedt, zahllosen Windkraftanlagen im ganzen Land sowie einer historischen, von Wasserkraft angetriebenen Mühle in Albersdorf.
Der touristische Mittelpunkt des Kreises ist Büsum mit seinem bunten Hafengesche-

Frühe Windmühle vom Typ „Adler" aus dem Jahr 1989.

Alte Ölförderpumpe bei Heide.

hen, den Einkaufs- und Bummelmeilen, der „Perlebucht", dem Badeparadies für Familien, und nicht zuletzt einem attraktiven kulinarischen Angebot. Friedrichskoog dagegen bietet Ferienhäuser und Campingplätze. Aber auch überall sonst in Dithmarschen werden Feriengäste freundlich empfangen – auf einer Insel zum Entdecken und Erleben. Und noch etwas hat ein bekannter Zeitgenosse hier gespürt: „In Dithmarschen lernt man, gegen den Wind zu gehen", so fasste der frühere Bundespräsident Richard von Weizsäcker seine Reiseerlebnisse zusammen.

Im Frühjahr 2022
Barbara Post
Stefan Lipky

Schilfhütten im Steinzeitpark.

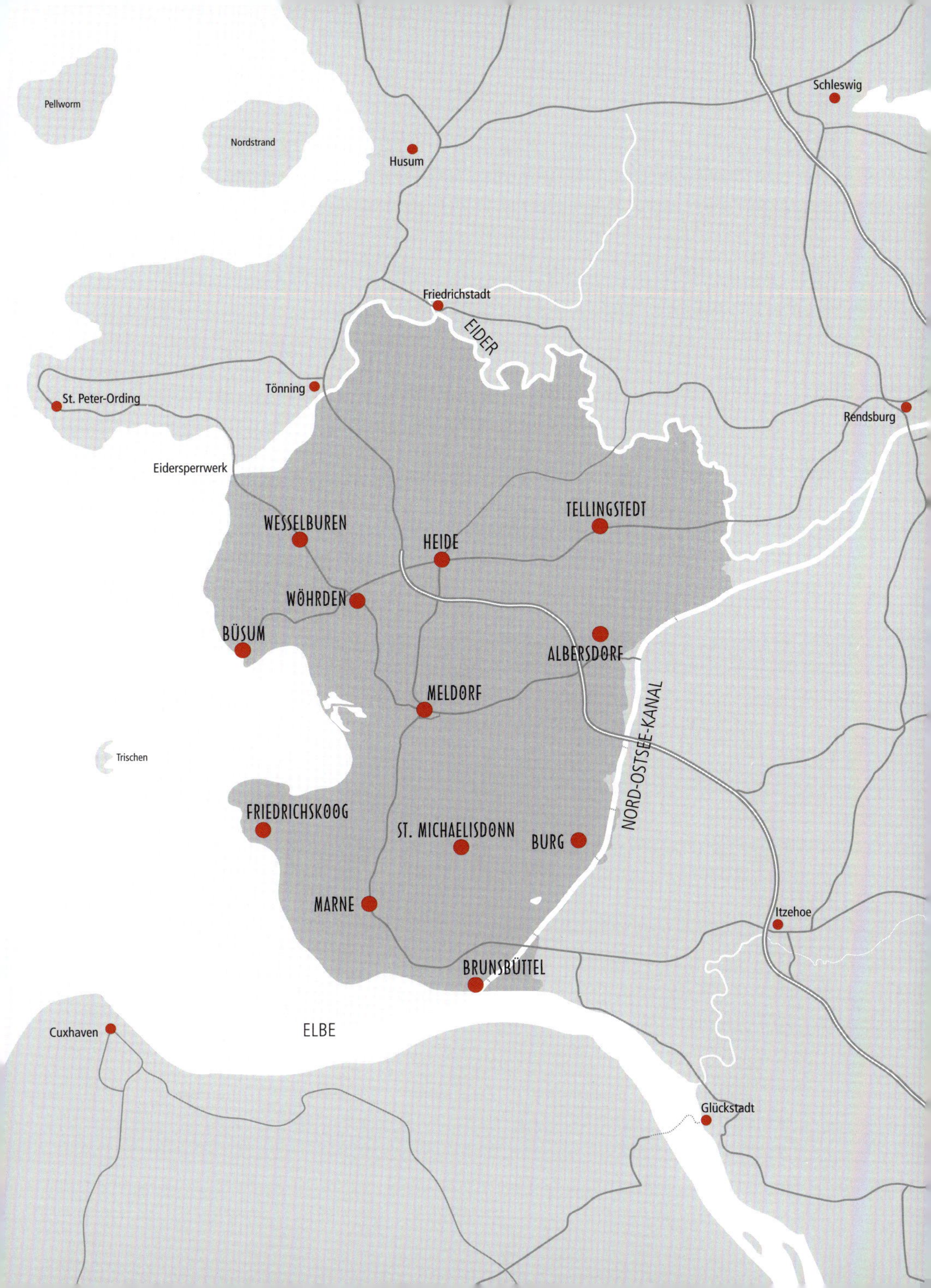
Pellworm
Nordstrand
Husum
Schleswig
Friedrichstadt
EIDER
Tönning
St. Peter-Ording
Rendsburg
Eidersperrwerk
TELLINGSTEDT
WESSELBUREN
HEIDE
WÖHRDEN
BÜSUM
ALBERSDORF
MELDORF
NORD-OSTSEE-KANAL
Trischen
FRIEDRICHSKOOG
ST. MICHAELISDONN
BURG
MARNE
Itzehoe
BRUNSBÜTTEL
Cuxhaven
ELBE
Glückstadt

ALBERSDORF

Viele Wege in die Steinzeit

Nach Albersdorf zurück in die Vergangenheit: Der **Steinzeitpark Dithmarschen** ist zweifellos die größte Attraktion des Luftkurorts im Osten Dithmarschens. Mehr als 30.000 Gäste machen sich jedes Jahr zu einem Besuch bei den „Flintstones" auf.

Auf dem 40 Hektar großen Freigelände des Steinzeitparks erleben sie eine Kulturlandschaft der Zeit der ersten Ackerbauern und Viehzüchter Norddeutschlands vor rund 5000 Jahren. Im Steinzeitdorf sind 14 Gebäude nach den Erkenntnissen aus archäologischen Ausgrabungen rekonstruiert.

„Aluerdesdorpe", 1281 zum ersten Mal erwähnt, entstand auf einer Endmoräne, das heißt: auf dem Sand und Geröll, die die Eiszeit-Gletscher vor sich herschoben. Der moderne Luftkurort hat aber mehr zu bieten als nur Steinzeit-Erlebnisse: Zum Beispiel einen **Kurpark** mit Freilichtbühne, eine **Wassermühle** und natürlich ein Freibad. Aber schon bei Spaziergängen rund um den Ort und das idyllische **Tal der Gieselau** stößt man immer wieder auf die Spuren der Vorgeschichte. Selbst der 21 Meter hohe Aussichtsturm steht auf einem gewaltigen Grabhügel, dem **„Kaiserberg“.** Albersdorf gilt als „klassische Quadratmeile der Archäologie“. Allein in der Nachbargemeinde **Arkebek** werden zum Beispiel 30 denkmalgeschützte Hügel- und Steingräber gezählt, im Frühjahr 2019 wurde auch dort ein Schalenstein entdeckt.

Um 4300 v. Chr. ließen sich die ersten Bauern auf dieser bewaldeten Endmoräne nieder. Die nahe Küste sah damals noch völlig anders aus, die Hügel der Geest boten Schutz vor den Fluten und Stürmen der Nordsee. Flintwerkzeuge und Pfeilspitzen lassen sogar vermuten, dass altsteinzeitliche Jägergruppen schon 10.000 Jahre früher durch das Tal der Gieselau gezogen sind.

Mit dem Großsteingrab **„Brutkamp“** besitzt Albersdorf ein ungewöhnliches Denkmal der mittleren Steinzeit. Der Deckstein wiegt immerhin 23 Tonnen. Wie die Menschen jener Zeit solche Lasten transportierten, lässt sich übrigens im Steinzeitpark experimentell erproben.

Die Kirche

St. Remigius ist ein romanischer Feldsteinbau, entstanden um 1200. Der Westturm wurde erst 1869 hinzugefügt. Der Altar ist ein Werk des Knorpelbarocks, angefertigt wurde er zwischen 1645 und 1647 von Jürgen Heitmann d.J., dem Sohn des

Die historische Wassermühle von Albersdorf.

gleichnamigen Bildschnitzers aus Wilster. Die Kanzel (1621) stammt vom Rendsburger Bildhauer Hans Peper. Aus dem Mittelalter (um 1470) ist die Bronzetaufe erhalten; sie wird von vier Figuren getragen, die jeweils den Heiligen Georg darstellen. Eine Bischofsfigur an der Außenwand der

Romanische Feldstein-Kirche St. Remigius.

Taufe verkörpert vermutlich den Heiligen Remigius (438–533), Bischof von Reims.

Die Museen: Vorgeschichte zum Mitmachen

Jagen mit Pfeil und Bogen, Flintsteine zu Werkzeugen behauen – der Alltag vor 6000 oder gar 10.000 Jahren war mühsam. Im **Albersdorfer Steinzeitpark** ist er nachzuerleben. Im Sommer führen moderne Steinzeitjäger vor, wie man zum Beispiel ohne Feuerzeug oder Streichhölzer Feuer macht, große und kleine Besucher dürfen sich mit Steinzeitfarben schmücken, und eine „Steinzeitbäuerin" zeigt den Alltag der frühen Ackerbauern und Viehzüchter. Zu den nach archäologischen Vorbildern errichteten Bauten zählt auch eine Rekonstruktion des 1992 in nur zwei Kilometern Entfernung entdeckten geheimnisvollen **Erdwerks „Dieksknöll"** (ca. 3700–2500 v. Chr.). Solche großen Wall-Graben-Anlagen waren vermutlich Versammlungsplätze, vielleicht aber auch Kultanlagen. Faszinierend für die Wissenschaftler: Bei der Ausgrabung nahe Albersdorf ließen sich Verbindungen nach Südwestdeutschland nachweisen.

An das Steinzeitdorf schließt sich ein 40 Hektar großes **Freigelände** mit Originaldenkmälern an. Es entspricht einer Kulturlandschaft aus der Zeit der ersten Ackerbauern; so grasen dort heute auch alte Haustierrassen.

Die Funde der eiszeitlichen Rentierjäger und -jägerinnen, Waffen, Schmuck und

Modell des neuen Steinzeithauses.

Werkzeuge der Menschen, sowie das Modell der Stellerburg, einer regionalen Burganlage des frühen Mittelalters, sind bisher (noch) im **Museum** in der Bahnhofstraße zu sehen. Dazu zählen auch Exponate der Ausgrabung von Dieksknöll. Außerdem erfahren Besucher mehr über den geheimnisvollen Schalenstein von Bunsoh. Ein Umzug ist jedoch geplant.

Denn am Eingang zum Steinzeitpark wächst mit dem **„Steinzeithaus"** ein neues Ausstellungshaus zur Archäologie und Umweltgeschichte; die Fertigstellung ist für 2023 geplant. Es soll Erlebnis- und Lernort gleichermaßen werden und den Besuchern Einblicke in die steinzeitlichen Epochen geben.

Steinzeitpark Dithmarschen
Süderstraße 47, 25767 Albersdorf

Museum für Archäologie und Ökologie Dithmarschen
Bahnhofstraße 29, 25767 Albersdorf
(bis 2023, danach im Steinzeitpark)
www. steinzeitpark-dithmarschen.de

Entdecken und Erleben

„Die Großsteingräberroute" heißt einer der Wanderwege rund um Albersdorf. Er startet am „Brutkamp" und führt unter anderem zum Großsteingrab im **Papenbusch**. Die Wanderwege um das Tal der **Gieselau** versprechen neben Naturerlebnissen ebenfalls einen Blick in die Dithmarscher Geschichte. Vor dem Bau von Straßen, Brücken und Autobahnen war Dithmarschen praktisch eine Insel, begrenzt durch Nordsee, Elbe, Eider und im Osten Niederungen und Sümpfen. Nur bei Albersdorf existierte mit der **Fallohfurt** über die Gieselau ein schmaler Zugang, das „historische Tor nach Dithmarschen". Der westliche Ochsenweg, Teil der uralten Nord-Südverbindung durch Schleswig-Holstein, nutzte diese Route, aber auch der König von Dänemark und die Herzöge von Gottorf und von Hadersleben, als sie im Jahr 1500 vergeb-

Großsteingrab mit 23 Tonnen schwerem Deckstein.

„Tor nach Dithmarschen" – die Fallohfurt.

lich versuchten, Dithmarschen zu erobern. Der Fußweg zur Fallohfurt führt unter hohen Buchen, manchmal zwischen uralten Knicks zu einer schmalen Brücke. Über Stufen geht es ins Wasser, weil aus der Furt inzwischen ein Kneipp-Bad geworden ist.
Ein Tipp für Gartenfreunde: Aus einer ehemaligen Schuttkuhle entstanden auf vier Hektar die **Brahmkampsgärten**: ein Pflanzen- und Blumenparadies mit 23 unterschiedlichen Themen (von Mai bis Mitte September sonntags geöffnet, mit Hofcafé).
www.brahmkampsgaerten.de

Baumsarg in nachgebautem Grabhügel der Bronzezeit.

Essen und Trinken

Seit mehr als hundert Jahren: Tanz-Café und Restaurant **Waldesruh**
Grossers Allee 1, 25767 Albersdorf
www.cafe-timm.de

Torten und Buffets unter Reet:
„Anja Tiessen"
Hogen Haid 4, 25767 Albersdorf
www.anja-tiessen.de

Tourist-Information
Im Steinzeitpark
Süderstraße 47, 25767 Albersdorf
www.albersdorf-ferien.de

UMGEBUNG

BUNSOH

Einzigartiges Ganggrab

In Europa einzigartig ist das 1874 entdeckte **Ganggrab** von Bunsoh mit einem 2500 Jahre alten **Schalenstein**, der als Deckstein diente. Er ist mit zahlreichen einzelnen Schälchen versehen, für deren Entstehung mehrere Thesen existieren. Möglicherweise dienten die Schalen kultischen Zwecken, sie könnten aber auch durch die Gewinnung von Gesteinpulver entstanden sein, das als heilkräftig galt. Auf dem Stein von Bunsoh finden sich neben flachen Rillen die Darstel-

Ganggrab und Schalenstein von Bunsoh.

lung eines vierspeichigen Rades sowie die Bilder einer Hand und eines Fußes.
(Anfahrt: In Bunsoh dem Ziegeleiweg bis zum ausgeschilderten Parkplatz folgen, von dort etwa 200 Meter zu Fuß weiter).

Entdecken und Erleben

Bereits seit 60 Jahren existiert das **Quellenbad** von Bunsoh, dessen Wasser aus natürlichen Ursprüngen stammt und ohne chemische Zusätze auskommt. Das Wasser fließt durch Vorwärmteiche ins Schwimmbecken.
www.quellenbad-bunsoh.de

AM NORD-OSTSEE-KANAL

Die **Grünentaler Hochbrücke** war als eine der ersten Querungen über den Nord-Ostsee-Kanal bereits vor der Kanaleröffnung 1895 fertiggestellt. Zur Einweihung im Jahr 1892 kam Kaiser Wilhelm II. persönlich zu Besuch. Gefrühstückt wurde damals äußerlich eher bescheiden in einem der Häuser der Bauleitung in Beldorf auf der Kanalsüdseite. Die Siedlung aus Arbeiterbaracken und wenigen festen Häusern hieß von da an jedoch **„Kaiserlicher Hof".** Knapp hundert Jahre später wurde von 1983 bis 1986 eine **neue Brücke** gebaut und die alte anschließend abgerissen, nicht zuletzt, um den Kanal zu verbreitern.

Gebaut von 1983 bis 1986: Die Grünentaler Hochbrücke.

Das Gelände für den Bau der ersten Brücke lag zwar bereits 22 Meter über dem Wasserspiegel, dennoch mussten damals zusätzlich Rampen aufgeschüttet werden, um auf die geplante Durchfahrthöhe von 42 Metern zu kommen. Im Bogen spannte sich die wilhelminische Brücke über den Kanal, die Widerlager an den beiden Kanalufern erhielten jeweils zwei Türme, was der Brücke ein monumentales Aussehen gab.

Die neue Eisenbahn- und Straßenhochbrücke, eine wartungsarme Strebenfachwerk-Konstruktion, wurde am 16. Dezember 1986 eingeweiht; sie ist 405 Meter lang. Als **Aussichtsplattform** blieb am Nordufer eines der Turmfundamente der alten Brücke erhalten.

FÄHRE AN LAND

Zwischen Brunsbüttel und Kiel pendeln 14 Fähren über den Kanal – seit Kaisers Zeiten ohne Gebühren zu erheben. Anfangs wurden die Fähren durch Muskelkraft an Stahlseilen gezogen, doch schon nach der ersten Kanalerweiterung von Kettenfähren abgelöst, die mit einem Motor ausgestattet waren. Die letzte dieser Fähren wurde 1990 in **Fischerhütte** (Gemeinde Steenfeld, Kanalsüdseite) als technisches Denkmal neben dem Anleger für die Kanalfähre an Land gesetzt.

„Fischerhütte" (F 6005) ist ein Motorfährpram mit Kettenantrieb (23,5 Meter lang, 9,2 Meter breit mit einem Tiefgang von 0,7 Metern), das Schiff wurde 1950 auf der Rendsburger Werft Saatsee gebaut und nach 40 Jahren außer Dienst gestellt.

OFFENBÜTTEL

Paradies für Angler aus ganz Deutschland

Mehr als 800 Hektar groß war früher das **Offenbütteler Moor**. Außer der Weite einer grünen Landschaft und vieler Gräben, die sie durchziehen, ist vom Moor wenig übrig geblieben. Allein während des Ersten Weltkriegs wurden von 1915 bis 1916 rund 1000 russische Kriegsgefangene eingesetzt, um das Moor teilweise trockenzulegen und für den Anbau von Getreide, Kohl und Kartoffeln zu kultivieren. Gräber auf dem Friedhof von Albersdorf und eine von Russen angelegte Begräbnisstätte in Süderrade (Gemeinde Osterrade) erinnern an mehr als 80 Soldaten, die damals am Fleckfieber verstarben.

Heute ist das Moor Naturschutzgebiet, und Renaturierungsmaßnahmen laufen, um den Wasserstand wieder anzuheben. Von Thodes Bauernhofcafé aus werden Wandertouren und **Kutschfahrten ins Moor** angeboten (Weitere Infos: Anke Volkmann 04835-648).

1998 gründete sich der Angelverein „Kanalfreunde Offenbüttel" – mittlerweile hat er fast 600 Mitglieder in ganz Deutschland.
www.kanalfreunde.com

Essen und Trinken
Das einzige Bauernhofcafe mit Privatflugfeld: **Thodes Bauernhofcafé**
Heinkenstruck 1, 25767 Offenbüttel

HIER ENTSTAND DER SCHIMMELREITER

Der Dichter **Theodor Storm** (1817–1888) scheint untrennbar mit Husum, seiner „grauen Stadt am Meer", verbunden zu sein. Doch als Alterswohnsitz wählte er die

Historische Fähre in Fischerhütte als Denkmal am Kanal.

Gemeinde Hanerau-Hademarschen (heute Kreis-Rendsburg-Eckernförde), nur wenige Kilometer vom heutigen Nord-Ostsee-Kanal entfernt. Storm lobte die schöne und anmutige Gegend Mittelholsteins. Außerdem lebte dort auch sein sechs Jahre jüngerer Bruder Johannes.

Erst in **Hanerau-Hademarschen** schrieb er 1888 sein wohl berühmtestes und zugleich letztes Werk, den „Schimmelreiter". Eine Statue am Friedhof und eine Plakette an seinem Wohnhaus erinnern an den berühmten Bürger des Orts, im Heimatmuseum ist ihm eine Storm-Stube gewidmet. Beigesetzt wurde Storm allerdings in Husum.

Heimatmuseum
Hanerau-Hademarschen
Im Kloster 12–12a,
25557 Hanerau-Hademarschen
www.hanerau-hademarschen.de

BRUNSBÜTTEL

Vom Piraten-Nest zum Industrie-Standort

Bis zum Bau des Nord-Ostsee-Kanals war Brunsbüttel ein kleines Kirchdorf nahe der Elbe. Die Einweihung der Wasserstraße 1895 veränderte den Ort nachhaltig – und das nicht zum letzten Mal. Seit den 1970er Jahren hat sich die 14.000-Einwohner-Stadt zum größten Industriestandort Schleswig-Holstein entwickelt, der das Kunststück vollbringt, zugleich ein lebenswerter Wohnort mit hohem Freizeitangebot zu sein. Begünstigt durch die Lage an Kanal und Elbe entstanden mehrere Häfen (Elbehafen, Ölhafen und Hafen Ostermoor), und eine ganze Reihe Industrieunternehmen, unter anderem aus den Bereichen Chemie und Kunststoff, siedelten sich an. Das zwischen 1970 und 1975 errichtete Kernkraftwerk Brunsbüttel wird seit 2012 zurückgebaut.
Für die nächsten Jahre ist die „Schleuseninsel" zwischen den beiden alten Kanal-Schleusen von 1895 und den „neuen" Schleusen von 1914 eine Großbaustelle.

Hier entsteht die dringend benötigte fünfte Schleusenkammer – nicht zuletzt, weil die mehr als hundert Jahre alten Veteranen mittlerweile störanfällig geworden sind.

In einer Urkunde des Jahres 1286 taucht der Name des Ortes zum ersten Mal auf. In jenem Jahr mussten die Dithmarscher ihrem Lehnsherren, dem Bremer Erzbischof, versprechen, auf die Piraterie zu verzichten und keine Hamburger Schiffe mehr zu überfallen. Entsprechende Verträge existierten zwar schon seit 1281, wurden aber immer wieder gebrochen.

Zweimal in ihrer Geschichte mussten die Brunsbütteler umziehen. Die Vorgängersiedlung „Uthaven" ging bereits im späten Mittelalter in den Fluten unter. Deichbrüche und Sturmfluten zwangen die Menschen nach 1674 erneut zur Verlagerung ihrer Siedlung auf sichereres, sprich: höhergelegenes, Land. Mit dem Holz der abgebrochenen Häuser bauten sie ihr neues Dorf auf, das heutige Brunsbüttel-Ort. Die Weihnachtssturmflut von 1717 sorgte wiederum für Deichbrüche und verheerende Schäden. Dabei entstand die Braake („Bruch"). Mit dem geglückten Deichbau von 1761 wurde sie zum Entwässerungskanal für den neuen Brunsbüttel-Eddelaker Koog.

Erst 1772 entstand die Gemeinde Brunsbüttelkoog, durch den Kanalbau später

Kanalschleusen in Brunsbüttel – noch ohne Großbaustelle.

zweigeteilt wie viele andere Dörfer auch. Sie wurde 1948 zur Stadt erhoben, 1969 dann mit Brunsbüttel und mehreren Dörfern der Umgebung zusammengeschlossen.

Sehenswert

Das alte Dorf **Brunsbüttel-Ort** vermittelt ein Bild kleinstädtischer Idylle. Es wurde planmäßig um den Marktplatz und die 1679 errichtete **Jakobus-Kirche** herum angelegt. Nach einem Blitzschlag im Jahr 1719 und einem Feuer wurde die Kirche neu errichtet. Zu ihren besonderen Kunstschätzen zählen der aus der 1708 abgerissenen Glückstädter Schlosskirche übernommene Barock-Altar von 1650. Die Königsloge trägt das Wappen des dänischen Königs Frederik IV. (reg. 1699–1730), damals auch Landesherr über Süderdithmarschen.

Die Jakobus-Kirche am Marktplatz.

Matthias-Boie-Haus von 1779.

Rund um den Marktplatz ist eine Reihe alter Häuser erhalten. Dazu zählt zum Beispiel das als Diakonat für den zweiten Pastor errichtete **Fachwerkhaus von 1779** (Markt 12), das später nach dem Kirchspielvogt Matthias Boie (1600–1653) benannt wurde. Das **„Alte Pastorat"** entstand 1772. Das Haus Piehl (Reichenstraße1) stammt aus dem Jahr 1801, die Gebäude Sackstraße 1und 5 sind zwei eingeschossige Giebelhäuser der Zeit um 1830.

Eine architektonische Besonderheit ist die Brunsbütteler **Beamtensiedlung.** Sie wurde von 1908 bis 1915 (Erste Kanalerweiterung) als „Neue Beamtenkolonie" für die Mitarbeiter der Kaiserlichen Kanalverwaltung gebaut. Die Siedlung wurde im Stil der Reformarchitektur als Gartenstadt angelegt mit eingeschossigen Zwei- bis Sechs-Familienwohnhäusern in unterschiedlicher Bauform und Gestaltung. Erstmals wurden Beamten- neben Arbeiterhäuser gesetzt, um eine nähere Berührung der verschiedenen Berufszweige zu begünstigen. Dabei

Im Heimatmuseum: Altes Klassenzimmer.

entstanden für die einzelnen Berufsgruppen auch sieben unterschiedliche Gebäudetypen. Im Haus **Scholerstraße 7** wohnte der stellvertretende Kanalinspektor. Dementsprechend hatte das Haus den höchsten Ausstattungsstandard.
Die ehemalige **Mittelschule** von 1912/13 (Bojestraße 30) und die Kirche mit dem Pastorat ragen als Einzelgebäude hervor. Die **Kirche St. Paulus** wurde 1914/15 als neobarocker Bau aus dunklem Backstein nach einem Entwurf von Regierungsbaumeister Ewald Klatt errichtet.

Das Museum

Gegenüber der Kirche im historischen Ortskern von Brunsbüttel befindet sich das **Heimatmuseum** in einem 1905 als Ladengeschäft gebauten und zeitweilig als Rathaus genutzten Gebäude. Die Brunsbütteler Schifffahrt unter anderem mit den Themen Walfang und Lotsen sowie der Nord-Ostsee-Kanal bilden dabei zwei Schwerpunkte, Holzfässer und Werkzeuge eines Böttchers, eine alte Kaffeeröstmaschine oder auch ein Klassenraum früherer Zeiten erzählen Geschichten vom „alten" Brunsbüttel.
Markt 4, 25541 Brunsbüttel
www.museum-brunsbuettel.de

Das Elbeforum

Kristallisationspunkt für Kunst und Kultur ist seit rund 30 Jahren das **Elbeforum**. Der große Saal (rund 800 Plätze) bietet den Rahmen für Theater-, Opern- oder Musicalauf-

Elbeforum – Zentrum für Kunst und Kultur.

führungen und Konzerte, daneben finden aber auch Tagungen und Kunstausstellungen in dem 1992 eröffneten Gebäudekomplex statt. So präsentiert die **Stadtgalerie** neben der eigenen städtischen Kunstsammlung regelmäßig Wechselausstellungen; zusätzlich ist eine **Artothek** im Aufbau.
Von-Humboldt-Platz 5, 25541 Brunsbüttel
www.elbeforum.de
www.stadtgalerie-brunsbuettel.de

Die Schleusen

Als erster durchfuhr Kaiser Wilhelm II. am 23. Juni 1914 mit seiner Yacht „Hohenzollern" (Modell im Museum „Atrium") auf dem Weg zur „Kieler Woche" die neuen Schleusen. Als sie eingeweiht wurden, waren sie mit 310 Metern Länge die größten der Welt und übertrafen sogar die Schleusen des ebenfalls 1914 eröffneten Panamakanals, deren Kammern nur 305 mal 30,5 Meter aufwiesen. Zum Vergleich: Die beiden alten Schleusen aus der Erbaungszeit des Nord-Ostsee-Kanals haben nur eine Nutzgröße von 125 Metern Länge mit einer Breite von 22 Metern.
Seit mehr als hundert Jahren verrichten die vier Schleusen jetzt ihren Dienst, um Unterschiede im Wasserstand zwischen Elbe und Nord-Ostsee-Kanal auszugleichen. Doch

Im Bau: Die 5. Schleusenkammer in Brunsbüttel.

immer häufiger erweisen sich Tore und Antriebe als reparaturanfällig. Immer wieder kommt es auch vor, dass Schiffe beim Einlaufen ein Schleusentor rammen. Die Folgen: Lange Wartezeiten oder Umwege rund um Skagen, wenn der Kanal komplett gesperrt werden muss.
Der Bau der fünften Schleusenkammer – derzeit Europas größte Wasserbaustelle – soll Abhilfe schaffen. Nach ihrer Fertigstellung wird die Grundinstandsetzung der beiden alten großen Kammern beginnen.
Von zwei **Aussichtsplattformen** am Nordufer lässt sich ein Blick auf die dicken Pötte in den Schleusen werfen; Eingang vom Gustav-Meyer-Platz aus.

Das Schleuseninfozentrum SIZ

Mit dem Baubeginn für die fünfte Schleusenkammer hat das Wasserstraßen- und Schifffahrtsamt (WSA) in zehn blauen Containern auf der Nordseite der Schleusenanlage ein Informationszentrum errichtet.
Betreut wird es von zertifizierten Gästeführern der Volkshochschule Brunsbüttel e.V. Sie erklären die Entwicklung des Baus der neuen Schleusenkammer und die (bau-)technischen Aspekte. Anhand verschiedener Modelle, von Anschauungsmaterial und Echtzeitkameras sollen Besucher – aus sicherheitstechnischen Gründen dürfen sie nicht direkt auf die Baustelle – auf diese Weise einen Einblick erhalten.
Das SIZ kann ausschließlich im Rahmen einer Schleusenführung besichtigt werden.

Historische Aufnahme vom Kanalbau um 1890.

Führungen werden zwischen März und Oktober an verschiedenen Wochentagen angeboten.
Treffpunkt und Karten bei der Tourist-Info, Gustav-Meyer-Platz 2, 25541 Brunsbüttel, Tel: 04852 – 391 186.
www.schleuseninfo.de

Große Pötte und 13 Autofähren begegnen sich auf dem Kanal.

Die Straßenhochbrücke von Brunsbüttel.

Das Schleusen- und Kanalmuseum „Atrium"

Das Atrium-Museum am Nordufer liefert mit Schautafeln, Schiffsmodellen, Landschafts- und Funktionsmodellen, technischen Objekten, Videofilmen sowie historischen Exponaten einen Überblick über Baugeschichte, Bedeutung und Betrieb des NOK. (Geöffnet Mitte März bis November).

Kanalmuseum „Atrium" direkt neben den Schleusen.

Kanalmuseum Atrium
Gustav-Meyer-Platz 2, Brunsbüttel
direkt neben der Tourist-Info.

Häfen und Brücken

Die **Straßenhochbrücke Brunsbüttel**, zwischen 1979 und 1983 erbaut, ist mit 2826 Metern Länge nach der Rendsburger Eisenbahnhochbrücke die zweitlängste der zehn Brücken über den Nord-Ostsee-Kanal. Zwei Fähren mit jeweils hundert Tonnen Tragfähigkeit queren den Nord-Ostsee-Kanal und verbinden die Stadt mit dem Industriegebiet auf der Südseite. In Ostermoor pendelt eine weitere, kleinere Fähre über den Kanal.

Entdecken und Erleben

„Walken" und Schiffe gucken: Brunsbüttel bietet zwei Routen für **Nordic Walking** an: Die Dithmarscher „Route 10" ist 16,8 Kilometer lang, „Route 11" hingegen nur 7,2 Kilometer. Start- und Zielpunkt ist jeweils das Freizeitbad „Luv" im Zentrum der Stadt. Danach führen die Routen entlang der Braake, Nord-Ostsee-Kanal, Kanalschleusen und Elbdeich.
Schwimmen mit Blick auf Elbe und Kanal ist im **Freibad Ulitzhörn** an der Landspitze zwischen Braake und Nord-Ostsee-Kanal möglich.
www.brunsbuettel.de

Matschiger Spaß für einen guten Zweck: Seit 2004 treffen sich Freizeitsportler aus vielen

Ländern regelmäßig zur **„Wattolümpiade"** im Elbschlick von Brunsbüttel. Wattfußball, Watthandball, „Wolliball", das Schlickschlittenrennen oder auch das Rahmenprogramm ziehen dabei viele tausend Zuschauer an. Der Erlös des Schlamm-Spektakels kommt jeweils Krebsbetroffenen zugute.
www.wattoluempia.de

Essen und Trinken

Seit mehr als 120 Jahren steht der Name **Wagner Pralinen** in Brunsbüttel für feine Schokoladen und handgemachte Pralinés. Die süßen Kostbarkeiten werden in mittlerweile vierter Generation hergestellt.
Wagner Pralinen GmbH
Gutenbergring 3–5,
25541 Brunsbüttel
www.wagner-pralinen.shop

Blick auf NOK/Yachthafen und Schleuseneinfahrt, Fährbetrieb, Terrasse: das **Café und Restaurant Torhaus**
Gustav-Meyer-Platz 3,
25541 Brunsbüttel
www.brunsbuettel-torhaus.de

Tourist-Information

Tourist-Information Brunsbüttel
vor dem Hauptaufgang zur Schleusenanlage
Gustav-Meyer-Platz 2
www. brunsbuettel.de

UMGEBUNG

AVERLAK

Vom Kanal an die Schlei

Averlak liegt auf einem schmalen Landrücken, der „Aver de Lake" („über dem Wasser" des Kudensees) hieß und damit der Gemeinde seinen Namen gab. Östlich schließt sich das Moor an und westlich die Marsch. Fast alle Häuser des Dorfes entstanden deshalb entlang der drei Kilometer langen Dorfstraße.

Schlick und Sand, die beim Bau des Brunsbütteler Hafens und der Schleusenanlagen anfielen, wurden bei Averlak aufgespült.

Mit dem Bau des Nord-Ostsee-Kanals wurde Anfang 1895 die **Eisenbahn-Drehbrücke** bei Taterpfahl (heute Averlak) in Betrieb genommen. Doch Brücken auf gleicher Höhe mit dem Kanal erwiesen sich sehr schnell als unpraktisch, weil ihre Öffnung für den Schiffsverkehr stets Wartezeiten bedeutete. 1920 wurde die Brücke deshalb demontiert und bei Lindaunis an der Schlei wieder aufgebaut. Hundert Jahre später wird sie dort jetzt durch einen Brückenneubau ersetzt.

Der Bau einer Hochbrücke war bei Averlak wegen des moorigen Untergrunds nicht möglich. Erst zwölf Kilometer weiter östlich fand sich bei **Hochdonn** ein geeigneter Baugrund. Dort verlässt der Kanal langsam die flachen Niederungen der Marsch und schneidet in den sandigen Mittelrücken, die Geest, ein. Die neue Brücke veränderte auch den Streckenverlauf der „Marschbahn" genannten Westküstenlinie der Eisenbahn.

EIN KANAL FÜR SCHLACHTSCHIFFE, CONTAINER-RIESEN UND WOHNMOBILE

Der Nord-Ostsee-Kanal zieht sich als blaues Band durch Schleswig-Holstein. Er ist nicht nur die meistbefahrene künstliche Wasserstraße der Welt und damit ein wichtiger Wirtschaftsfaktor, sondern auch Freizeitparadies für Angler, Radfahrer, Wanderer, Wassersportler und Besitzer von Wohnmobilen.

Gut Warleberg – Kaffeetrinken mit Kanalblick.

Reist man aus Richtung Osten kommend nach Dithmarschen, führt der Weg über Brücken und Fähren – immer über den Nord-Ostsee-Kanal. Von Brunsbüttel bildete der Kanal auf einer Länge von etwa 40 Kilometern die östliche Grenze des Kreises. Nachdem Schleswig-Holstein 1867 preußische Provinz geworden war, nahmen Kaiser und Kanzler Otto von Bismarck ein gewaltiges Kanal-Projekt von Brunsbüttel nach Kiel in Angriff, das1895 glanzvoll eingeweiht werden konnte.

Die Wasserstraße hat das Land verändert: Dörfer wurden geteilt, Wege veränderten sich. Sogar Städte bekamen ein neues Gesicht: Brunsbüttel wurde zur Schleusenstadt mit mehreren Häfen an den Ufern von Elbe und Kanal.

Der „Kaiser-Wilhelm-Kanal", wie er nach seiner Einweihung hieß, war aber keineswegs zum Vergnügen der Menschen oder zur Erleichterung des Handelsverkehrs geplant. Dieser Kanal hatte militärische Bedeutung. Über ihn konnte die in Kiel beheimatete Ostsee-Flotte schnell nach Wilhelmshaven zur Nordsee-Flotte verlegt werden.

Doch schon zehn Jahre nach Eröffnung saß die deutsche Marine in der „Falle": Die Briten bauten Schlachtschiffe von solcher

über 30.000 Schiffe fahren jedes Jahr durch den Nord-Ostsee-Kanal.

Größe, dass Deutschland nicht mehr gleichziehen konnte, wenn es den Kanal für seine Marine weiter nutzen wollte. Er war einfach nicht tief genug für diese Riesenschiffe. Die (sehr teure) Entscheidung fiel zugunsten größerer Schiffe und eines Kanalausbaus, der erst im Juli 1914 fertiggestellt wurde. „So haben wir den Kanal erst einmal in einen nutzlosen Graben verwandelt", spottete damals der britische Marineminister.

Heute kann man auf beiden Seiten des Kanals stundenlange Spaziergänge unternehmen und dabei die vorbei rauschenden luxuriösen Traumschiffe oder die dicken „Pötte" mit ihren Containerladungen bestaunen. Spannend ist auch das Ein- und Ausfahren der gigantischen Schiffe an den Schleusen in Brunsbüttel hautnah zu erleben. Kostenloses Kanal-Hopping ist möglich – in Dithmarschen mit den Fähren Brunsbüttel, Ostermoor, Kudensee, Burg, Hochdonn und Hohenhörn.

www.nok-sh.de

www.traumschiffe-im-kanal.de

Zahlen & Fakten

- Der Nord-Ostsee-Kanal ist mit rund 30.000 Schiffspassagen pro Jahr die meistbefahrene künstliche Wasserstraße der Welt. Er ist 98,637 Kilometer lang. Für die größten für den Kanal zugelasse-

Gelber Raps und dicke Pötte – Kanalalltag.

nen Schiffe (235 Meter) und für Schiffe mit einem Tiefgang von mehr als 8,5 Metern beträgt die zulässige Höchstgeschwindigkeit zwölf Kilometer in der Stunde, das sind 6,5 Seemeilen. Für alle übrigen Schiffe gelten 15 Kilometer/Stunde, das heißt 8,1 Knoten (Seemeilen pro Stunde). Eine Kanalpassage dauert je nach Verkehrsdichte und Schiffsgröße zwischen 6,5 und 8,5 Stunden.

- Die Kanalpassage erspart Schiffen einen Umweg von rund 250 Seemeilen (463 Kilometer). So viel länger ist der Weg von der Ostsee in die Nordsee – oder umgekehrt – um das dänische Skagen herum.

- Zwischen 1887 und 1895 wurde der Nord-Ostsee-Kanal gebaut. Erst bei sei-

Luxusliner auf dem Weg von Brunsbüttel nach Kiel.

Morgennebel an einem Wintertag.

ner Einweihung am 21. Juni 1895 wurde er zu Ehren von Kaiser Wilhelm I. in „Kaiser-Wilhelm-Kanal" umbenannt. Seit 1945 heißt er wieder Nord-Ostsee-Kanal, international bekannt ist er als „Kiel Canal".

- Zehn Brücken queren den Kanal zwischen Brunsbüttel und Holtenau. Die 2,6 Kilometer lange Rendsburger Eisenbahnhochbrücke galt bei ihrer Einweihung als das größte Stahlbauwerk der Welt.

- Weil die künstliche Wasserstraße alte Dörfer teilte, ist das Übersetzen seit Kaisers Zeiten kostenfrei. Insgesamt 5,4 Millionen Fahrgäste nutzen pro Jahr diese Möglichkeit, außerdem transportieren die 14 Fähren rund 3,7 Millionen PKW.

- In Brunsbüttel und in Kiel-Holtenau schließen die Schleusen den Kanal gegen die wechselnden Wasserstände der Nord- und Ostsee ab.

- Einmal im Jahr wird auf dem Kanal gerudert: Wenn im September die Achter zum „SH Netz Cup" (früher E.ON Hanse-Cup) an den Start gehen, haben Traumschiffe und Frachter Pause. 12,7 Kilometer müssen die Athleten auf dem Kanal zurücklegen.

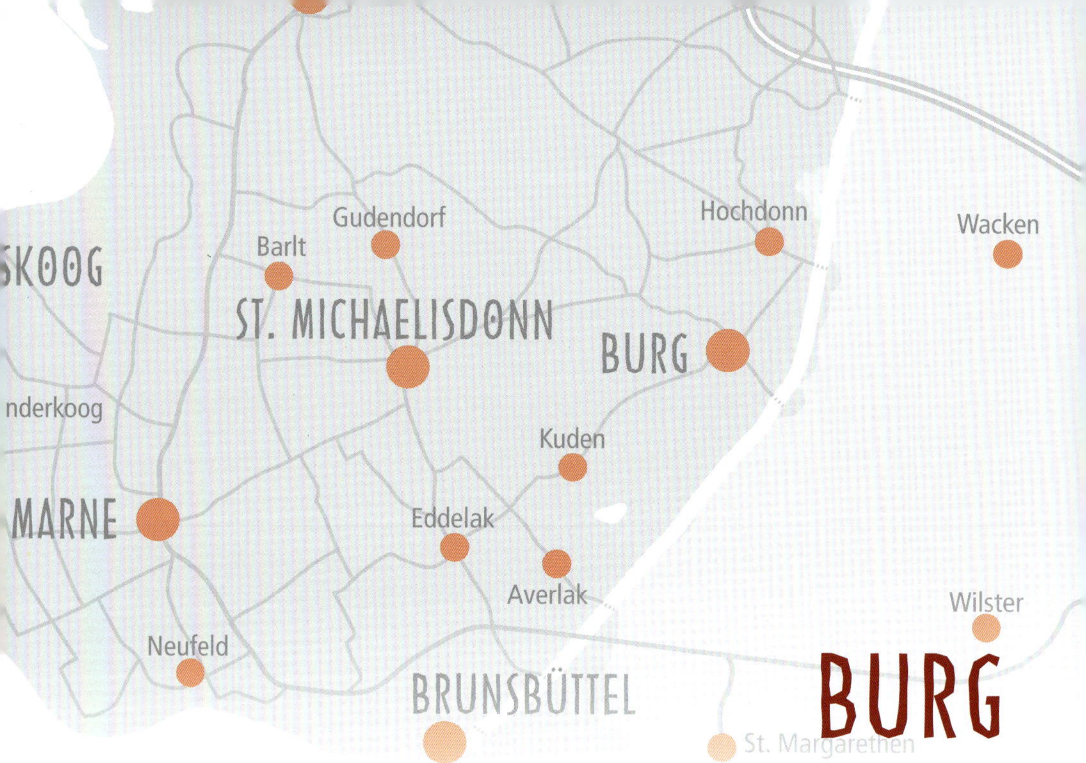

BURG

Mit Torf von der Burger Au nach Hamburg

Der Ringburg **Bökelnburg** verdankt die 4000-Einwohner-Gemeinde ihren Namen. Die Anlage auf einem hohen Geestrücken am Rand der Marsch ist ein Relikt einer kriegerischen Epoche, als die Dithmarscher Überfällen der um das Jahr 800 aus dem Süden vordringenden Franken, aber auch slawischer Abodriten und vielleicht sogar dänischer Wikinger ausgesetzt waren.

Die Burg mit ihrem hundert Meter weiten Durchmesser und den noch heute etwa fünf Meter hohen Erdwällen ist die **besterhaltene Anlage** dieser Art in Schleswig-Holstein. Untersuchungen ergaben, dass sie in ihrer Geschichte offenbar auch als Fluchtburg diente, so zum Beispiel im Jahr 1032 bei einem erfolgreich abgewehrten Slawenüberfall. Der einzige Eingang befand sich dort, wo im Jahr 1817 die Kapelle für den damals innerhalb des Ringwalls angelegten Friedhof errichtet wurde.

Im Jahr 1144 erschlugen die Dithmarscher angeblich sogar auf der Bökelnburg den letzten Stader Grafen Rudolf II., der ausgedehnte Besitzungen in Dithmarschen hatte, nach anderen Quellen sogar der Lehnsherr war. Zwar finden sich für den Mord in Burg keine historischen Beweise, dennoch spielt die Sage eine wichtige Rolle, wenn die Burger alle fünf Jahre ihr **Holzmarktfest** feiern. Dann wird auf der **Freilichtbühne** unterhalb der Bökelnburg vor bis zu 1000 Zuschauern das historische Drama nachgespielt.

Der Baubeginn für die einschiffige **St.-Petri-Kirche** „Am Markt" wird auf die Mitte des 12. Jahrhunderts datiert. Der Überlieferung nach wurde sie als Sühnekapelle für die Ermordung des Grafen errichtet. Nach dem Tod Rudolfs II. wurde Heinrich der Löwe mit Dithmarschen belehnt. Im Jahr 1148 unternahm er einen Rachefeldzug, an dem auch ein Bruder des Stader Grafen beteiligt war: Hartwig, später Erzbischof von Bremen.

Die Ostseite des **Marktplatzes** wird von der „königlich-privilegierten" alten Apotheke von 1839 und einem reetgedeckten niederdeutschen Fachhallenhaus aus dem 18. Jahrhundert dominiert.

Noch im 19. Jahrhundert war Burg ein wichtiger Schifffahrtsort, vor allem für den Export von Torf. Über die **Burger Au**, den

Ein Frachtschiff unter der Hochdonner Hochbrücke.

Kahnfahrt auf der Burger Au.

Bütteler Kanal, die Wilster-Au und die Stör gelangten die Schiffer mit ihrer Fracht in die Elbe bis nach Hamburg. Der Bau des **Nord-Ostsee-Kanals** bedeutete das Ende der Schifffahrtstraditionen. Zwar wurde ein neuer Hafen mit einer Schleuse an der Burger Au angelegt. Doch bereits 1932/33 wurden der Schleusenbetrieb eingestellt und 1950 dann Teile des Hafens und der Schleuse zugeschüttet. Heute nutzen nur noch die Kudener Kahnschiffer oder Kanu- und Kajakfahrer die Burger Au für Ausflüge.

www.echt-dithmarschen.de
www.kahnschiffer.de
www.wilsterau-kanu.de

Das „Ditmarsium"

In einem alten Sattlereigebäude ist das Burger Museum **„Ditmarsium"** untergebracht, erst vor kurzem umgebaut und mit viel Kreativität modernisiert. Es zeigt unter anderem eine Dokumentation zur Schifffahrt, zu den Werften an der Burger Au und den Häfen von Burg. Zu den Neuheiten zählt unter anderem der multimediale „Erlebnisraum Schifffahrt", auch das „Schiffer Café" des Museums wurde neu gestaltet. Sehenswert ist die komplett bewahrte alte Landapotheke, im Apothekengarten wachsen mehr als hundert Arzneipflanzen. Erhalten sind außerdem die alte Sattlerwerkstatt, daneben ein alter Kolonialwaren-Laden, eine Schuhmacher- sowie eine Uhrmacherwerkstatt.

Als Kulturzentrum und Archiv des Burger Museums dient die vor dem Abriss bewahrte und sanierte **„Alte Räucherei"** (Meldorfer Straße 6).

Große Mühlenstraße 6, 25712 Burg
www.ditmarsium.de

Das Waldmuseum

Auf dem 66 Meter hohen Wulffsboom liegt das **Waldmuseum** mit seiner Ausstellung zur heimischen Tier- und Pflanzenwelt und einem 21 Meter hohen Aussichtsturm. Besucher haben von dort einen Ausblick über Dithmarschen bis hin zur Elbmündung. Das Museum bietet Informationen zum Ökosystem Wald sowie seiner Geschichte und widmet sich Themen des Natur- und Artenschutzes. Dazu gehören auch Funde von Fossilien und von Bernstein.

Der Naturerlebnisraum Burg bietet darüber hinaus einen Waldspielplatz, unterschied-

liche Biotope und Waldtypen sowie eine Streuobstwiese.
Zum Museum gehört ein Waldlehrpfad als zwei Kilometer langer Rundwanderweg.
Waldstraße 141,
25712 Burg/Dithmarschen
www.burger-waldmuseum.de

Essen und Trinken

Burger Fährhaus

Hafenstraße 48, 25712 Burg
Auf der Kanalnordseite neben dem Fähranleger und mit Blick auf den Kanal
www.burger-faehrhaus.de

Eingang zum Waldmuseum.

UMGEBUNG

Dorf unter dem Meeresspiegel

Ein „Katzensprung" mit der Burger Fähre über den Kanal führt nach gut sieben Kilometern zur tiefsten Landstelle Deutschlands. Das 470-Einwohner-Dorf **Neuendorf-Sachsenbande** in der Wilstermarsch liegt unter dem Meeresspiegel. Genau gesagt: 3,54 Meter unter Normalnull. Ein acht Meter hoher Pfahl zeigt Tidenstände und Sturmfluthöhen und demonstriert, dass das Land ohne Deiche vom Wasser längst verschluckt worden wäre.
www.tiefstelandstelle.de

Hochdonn

Die Hochbrücke prägt die Gemeinde

Hochdonns Wahrzeichen ist die **Eisenbahnhochbrücke**. Wer mit der Bahn von Hamburg nach Heide und weiter nach Sylt fährt, blickt von oben auf riesige Getreide-

15.000 Tonnen Stahl für die Hochbrücke in Hochdonn.

silos und das dörfliche Zentrum von Hochdonn. Das 2,2 Kilometer lange Bauwerk prägt die vergleichsweise junge 1200-Einwohner-Gemeinde.

Auch wenn Siedlungsspuren bereits aus der Jungsteinzeit nachgewiesen sind, ein Hirte als erster Siedler der Neuzeit ließ sich erst im Jahr 1799 auf der „Hohen Düne" nieder, so die Bedeutung des Namens Hochdonn. Daran erinnert ein Denkmal am Dreeßenweg. Eine Fährstelle über die heute durch den Kanal mehrfach zertrennte Holstenau existierte bereits im 19. Jahrhundert.

www.gemeinde-hochdonn.de

Präzisionsarbeit: Die Brücke

Die Brücke bei Kilometer 18,778 des Nord-Ostsee-Kanals nahe Hochdonn wurde aus 15.000 Tonnen Stahl im Zuge der ersten Kanalerweiterung 1915 bis 1920 gebaut. Im Jahr 2006 erhielt sie in einer spektakulären Aktion ein neues Mittelteil: Mit millimetergenauer Präzisionsarbeit wurde der 121 Meter lange, so genannte Schwebeträger ausgewechselt.

Sehenswert

Die **Mühle Aurora** auf der Kanalsüdseite direkt an der Hochbrücke stammt aus dem Jahr 1883; heute dient sie als Hochzeitsmühle. Im Jahr 1914 wurde das Reetdach der Mühle durch ein Hartdach ersetzt, weil durch den Funkenflug der Dampflokomotiven auf der Brücke Feuergefahr bestand.

Am Kanalufer – die Mühle „Aurora".

Der einzige Badestrand am Kanal in „Klein-Westerland".

Entdecken und erleben

Die feinsandige Badebucht **Klein-Westerland (Kanalnordseite)** neben dem Campingplatz ist die einzige Badestelle direkt am Nord-Ostsee-Kanal. Die Wasserqualität wird regelmäßig überprüft.

Essen und Trinken

Fährhaus Hochdonn
Hauptstraße 133, 25712 Hochdonn
www.faehrhaus-hochdonn.de

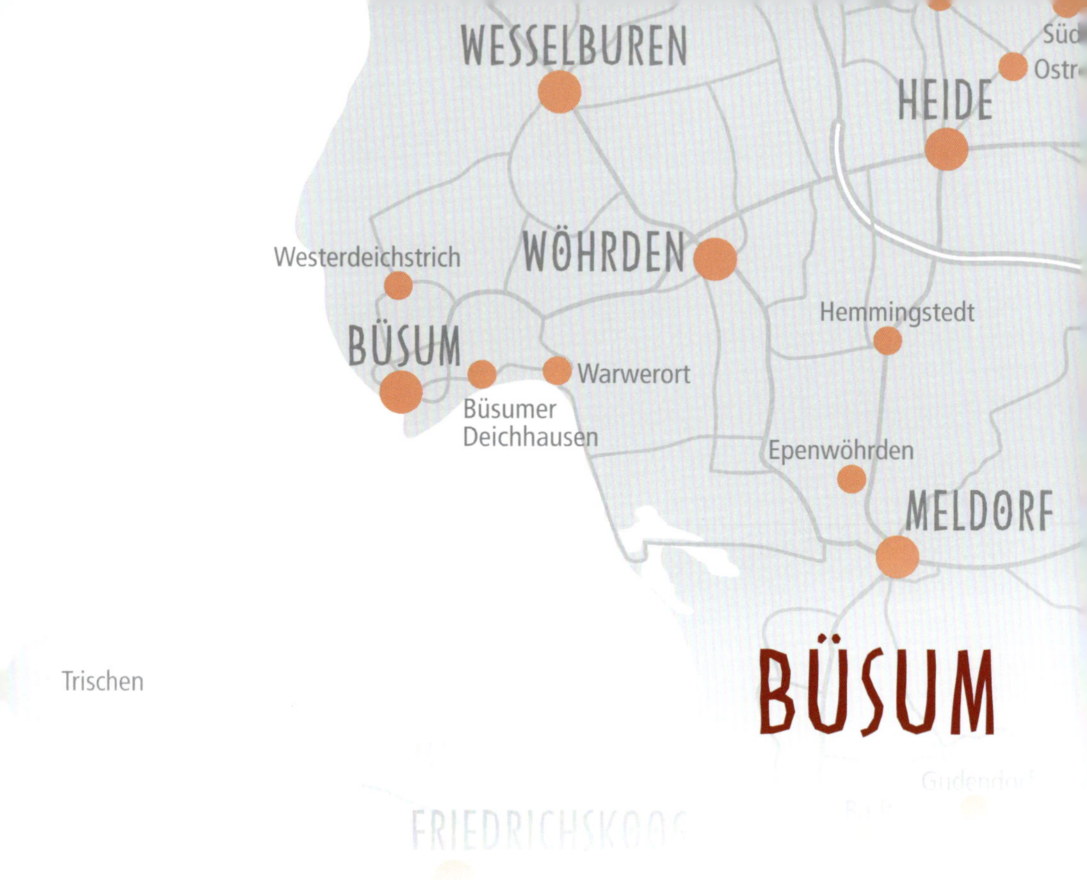

BÜSUM

Krabben und Meer

Dithmarschens größtes Seebad ist zugleich sein ältestes. Bereits 1818 wurden die ersten Badekarren angeschafft und Treppen angelegt, damit die Gäste bequem in die Nordsee steigen konnten. Schon 1837 durfte Büsum sich als Seebad bezeichnen. Seitdem hat sich viel verändert, und vor allem in den vergangenen Jahren hat sich Büsum noch einmal ein kräftiges Face-Lifting gegönnt.

Heute warten mehr als 4000 Standkörbe auf Urlauber, und sogar Schlafstrandkörbe für Sternengucker sind im Angebot.
Ob nun Outdoor-Romantik oder Hotelbett: Mittlerweile verzeichnet Büsum rund zwei Millionen Übernachtungen pro Jahr. Außerdem ist der Ort Anziehungspunkt für mehr als 100.000 Tagesgäste, dazu kommen die **Helgoland-Touristen**, die von Büsum aus eine Reise auf Deutschlands einzige Hochseeinsel antreten.

Die nach 1970 angelegte – und gerade modernisierte – **Familienlagune „Perlebucht"** als großzügiges und vor allem gezeitenunabhängiges Bade- und Freizeitareal mit Sandstrand trägt zweifellos zur weiteren Steigerung der Attraktivität bei. Ihren Namen verdankt sie übrigens dem kleinen Frachter „Perle", der dort 1896 strandete.

Frisch renoviert ist auch das Wellenbad und Spa „Meerzeit" am Deich.

Doch Büsum ist ohne seinen Hafen nicht denkbar, ohne die Krabbenkutter, die sommerliche Kutterregatta, das obligatorische Krabbenbrötchen oder die Büsumer Scholle – zu der ebenfalls eine ordentliche Portion Krabben gehört. Krabben und Büsum gehören nun mal zusammen.

Auch als Büsum noch eine **Insel** war, damals Biusne, auch Büsen oder Busen genannt, spielte neben der Landwirtschaft der Fischfang eine wichtige Rolle. Und als weiterer Erwerbszweig die **Piraterie** – sehr zum Ärger der Hansestadt Hamburg. Im Jahr 1435 überfielen die Büsumer jedenfalls den Hafen an der Elbe, als Rache setzten die Hamburger anschließend das Dorf samt Kirche auf der Büsumer Insel in Brand.

Noch verlustreicher war der Kampf gegen die Nordsee. Der „Blanke Hans" nagte un-

Büsumer Wahrzeichen: Leuchtturm und Museumshafen.

aufhörlich am Südteil der Insel. Norddorp, das heutige Büsum, blieb als einziges Insel-Dorf erhalten, Süderdorp wurde vermutlich schon von der großen Mandränke 1362 fortgerissen, Middeldorp musste später aufgegeben werden. Mit Deichen versuchten die Büsumer, ihr Land zu verteidigen, und im Norden der Insel gelang sogar ein Landzuwachs. Im Juni 1585 wurde Büsum mit der Fertigstellung des zwei Kilometer langen „Wahrdammes" schließlich landfest, weitere Köge konnten danach eingedeicht werden. Bis heute verläuft die Straße von Österdeichstrich nach Reinsbüttel übrigens auf diesem alten Damm.

Die Kirche

Die Büsumer **St.-Clemens-Kirche** liegt auf einer der drei Warften des alten Ortes. Der spätgotische Backsteinbau wurde um 1440 vermutlich auf den Fundamenten eines Vorgängerbaus errichtet, immerhin gehörte die Insel zu den im Jahr 1140 für Dithmarschen erwähnten Urkirchspielen. Eine erste Kirche fiel jedoch der großen Sturmflut von 1362 zum Opfer, die zweite brannte nieder. Benannt wurde der jetzige Bau nach St. Clemens, dem Schutzheiligen der Schiffer und Küstenbewohner. Ein kleiner Dachreiter von 1863 krönt die Kirche, der freistehende Glockenturm stammt aus

Votivschiffe und ein barocker Altar: Das Innere der St.-Clemens-Kirche.

Die St.-Clemens-Kirche.

dem Jahr 1514, er wurde 1954 weitgehend erneuert.

Zu den ältesten Stücken der reichhaltigen Ausstattung zählt die Bronzetaufe aus der Zeit um 1300, der Sage nach im 15. Jahrhundert vom **Seeräuber Cord Widderich** von der Insel Pellworm verschleppt und der Büsumer Kirche geschenkt. Aus dem Jahr 1712 stammt der Altar im typischen Aufbau des Akanthusbarock mit einem Abendmahlsbild, die barocke Kanzel entstand 1729. Zu dem Triumphkreuz von 1495 gehörten ursprünglich die beiden Standfiguren von Maria und Johannes, die jetzt getrennt aufgestellt sind.

Typisch für viele Kirchen an der Küste sind Votivschiffe, manche als Dank für die Rettung aus Seenot angefertigt. Von der Decke der Büsumer Kirche hängt das 1,8 Meter lange Modell **„Der milde Herbst"**, ein zu Beginn des 19. Jahrhunderts gebauter Dreimaster mit zwei Kanonendecks.

Auffallend sind die zahlreichen alten Gestühlswangen des 16. und des 18. Jahrhunderts. Eine davon mit dem Datum 1564 trägt das älteste erhaltene **Martin-Luther-Porträt** in Schleswig-Holstein.
www.kirche-buesum.de

Denkmal für einen berühmten Büsumer

Pastor und Dithmarscher Chronist zugleich war Johann Adolph Köster, genannt **Neocorus** (um 1550–1630). Der Verfasser der „Chronik des Landes Dithmarschen" war von 1590 bis 1624 als Seelsorger in Büsum tätig. Im Jahr 2009 wurde auf dem Neocorusplatz vor dem Glockenturm der Büsu-

Denkmal für den Chronisten Neocorus.

Gedenkstein auf dem Alten Friedhof.

mer Kirche eine Bronzeplastik des Chronisten enthüllt, ein Entwurf des in Brunsbüttel lebenden Künstlers Jens Rusch.

Gleich gegenüber der St.-Clemens-Kirche liegt das 1968 bis 1971 von den Architekten Hain und Bülk geplante Gemeindehaus.

Auf dem **Alten Friedhof** (Bahnhofstraße 25) erinnern Gedenksteine an 150 Jahre Krieg und Tod: An dänische Matrosen, die 1813 während des napoleonischen Kriegs bei einem Gefecht gegen englische Kanonenboote vor Büsum gefallen sind, sowie an Matrosen der schleswig-holsteinischen Flottille während des ersten Kriegs gegen Dänemark 1850. Der Friedhof ist außerdem Ruhestäte vieler Flüchtlinge und Heimatvertriebener des Zweiten Weltkriegs.

Sommer am Büsumer Hafen.

Der Hafen

Als Fischereihafen hat Büsum eine lange Tradition, er ist heute Heimat für die größte **Kutterflotte** im Land, wird aber auch von anderen Fischern zum Beispiel aus Tönning, Friedrichskoog oder Cuxhaven als wichtige Anlaufstelle genutzt. Über 4000 Tonnen Frischfisch und Krabben werden pro Jahr in Büsum angelandet.

Dabei hat der Hafen im Laufe der Zeit immer wieder sein Gesicht gewandelt. Das älteste Hafenbecken wurde zum Museumshafen, die neueren Becken dienen den Fischern, außerdem dem Import von Futter- und Düngemitteln sowie dem Schwerlastumschlag zum Beispiel beim Bau von Offshore-Windanlagen. Zwei Werften sowie mehrere Dienstleistungsbetriebe sorgen für die Instandsetzung der Fischkutter. Der Büsumer Hafen ist nach Brunsbüttel der größte an der schleswig-holsteinischen Westküste. Seit 1982 wird er durch ein modernes **Sturmflutsperrwerk** geschützt.

Rund um den Hafen hat sich eine Reihe von Forschungseinrichtungen niedergelassen.

Dazu zählt zum Beispiel das Forschungs- und Technologiezentrum (FTZ) Westküste, eine Einrichtung der Christian-Albrechts-Universität (CAU) zu Kiel, das sich mit den Themen Küstenschutz, Klimawandel und Umweltbelastungen beschäftigt. Außerdem haben sich unter anderem ein Institut der Tierärztlichen Hochschule (TiHo) Hannover und die Gesellschaft für Marine Aquakultur (GMA) in Büsum angesiedelt. „MariCube" heißt ein Wirtschafts- und Wissenschaftspark im Bereich der blauen Biotechnologie und Aquakultur.

Das markante Gebäude des FTZ wurde 1986 vom Hamburger Architekten Horst von Bassewitz entworfen und im Außenbereich, im Zwischendeichgelände, erbaut. Im Zentrum der Anlage befindet sich ein stählerner Treppenturm.

www.ftz.uni-kiel.de
www.tiho-hannover.de
www.gma-buesum.de
www.maricube.de
www.hafen-buesum.de

Der Museumshafen

Im „ole Hoov", dem ältesten Teils des Büsumer Hafens, haben nicht nur Museums-Schiffe festgemacht, am Kai werden außerdem typische Objekte und Anlagen rund um die Fischerei ausgestellt. Darunter ein Nachbau des ersten Büsumer Leuchtturms

Fischkutter vor dem Auslaufen.

Altes Molenfeuer am Hafen.

von 1878, der damals noch mit Petroleum betrieben wurde. Seit 2003 hat dort auch das alte Molenfeuer der Büsumer Hafeneinfahrt einen neuen Platz gefunden.

Das Hafenbecken wird vom **„Verein Büsumer Museumshafen"** betrieben, der auch selbst Schiffe restauriert und drei eigene besitzt. Dazu zählt der 1911 in Finkenwerder gebaute 16 Meter lange **Besan-Ewer „Margaretha"** (120 Quadratmeter Segelfläche, ein 60-PS-Diesel).

„Rickmer Bock" (Ex „Geheimrat Gerlach") ist ein 1944 bei Pahl in Hamburg gebautes Motorrettungsboot; ausgestattet ist es mit einem 150-PS-Motor. Dank des 14 Meter langen Bootes konnten in 37 Jahren bei

Museumsschiff: Seenotrettungskreuzer „G. Kuchenbecker".

230 Einsätzen 1223 Menschen gerettet werden;

Der 10,78 lange Kutter **„Fahrewohl von Büsum"** (75 Quadratmeter Segelfläche) wurde 1912 in Wewelsfleth aus Eiche gebaut. Bis 1921 war das Schiff in Büsum beheimatet und ist jetzt nach vielen verschiedenen Stationen als Museumsschiff zurückgekehrt.

Fast 60 Jahre jünger ist der blaue Fischkutter **„Condor"**, 1970 bei Bueltjer & Co in Ditzum vom Stapel gelaufen. Heute gehört das knapp 16 Meter lange Schiff einem Mitglied des Büsumer Museumshafenvereins, auf Fangfahrt fährt auch dieser hölzerne Kutter nicht mehr.

Von 1969 bis 1997 war der auf der traditionsreichen Werft Abeking & Rasmussen in Lemwerder gebaute Seenotrettungskreuzer **„G. Kuchenbecker"** auf verschiedenen Stationen im Einsatz, unter anderem in Maasholm an der Schlei. Eine private Initiative bewahrte im Jahr 2019 das 19 Meter lange Schiff, das mit einem 900 PS starken Motor ausgerüstet ist, vor dem Abwracken.

Fischerkai 2, 25761 Büsum

www.museumshafen-buesum.de

Der Leuchtturm

Der 1912/13 errichtete Gusseisenturm auf dem Gelände des Tonnenhofs am Hafen hat eine Höhe von 22 Metern und wird seit 1976 ferngesteuert. Der Bau von Eisentürmen war seinerzeit kostengünstiger, und die einzelnen gusseisernen Segmente

Blick über den Büsumer Hafen.

konnten vor Ort zusammengeschraubt werden. Zugleich waren sie auch leichter als gemauerte Türme und daher besonders geeignet für den weichen Boden an der Nordseeküste.

Museum am Meer

Das Museum erzählt die Geschichte der Büsumer Küstenfischerei sowie der Krabbenverarbeitung und nimmt die Besucher mit auf eine Zeitreise durch die Geschichte des Nordseebades. Außerdem werden Führungen durch den Hafen angeboten.

Im Außenbereich liegt das hundert Jahre alte Museumsschiff **„Leonore Johanna"** (BÜS 95). Das 15 Meter lange Schiff, ein typischer Nordsee-Kutter, lief 1981 im Hafen auf Grund und ist seit dem Jahr 2001 Museumsschiff.

Am Fischereihafen 19, 25761 Büsum

www.museum-am-meer.de

Seenotretter Rickmer Bock.

Phänomania Büsum

Als Erlebniszentrum und Mitmachmuseum versteht sich die „Phänomania" in Büsum. Mehr als **230 Experimentierstationen** sollen physikalische Phänomene und die Welt der menschlichen Sinne erlebbar machen. Große und kleine Besucher können zum Beispiel ihre Kräfte am Flaschenzug messen, und Kinder dürfen mit dem „Trab-Heber" allein ein ganzes Auto anheben. (Geöffnet an Wochenenden und Regentagen)
Dr.-Martin-Bahr-Straße 7,
5761 Büsum
www.phaenomania-buesum.de

Freilicht-Deichmuseum

365 Tage im Jahr und rund um die Uhr geöffnet ist das Büsumer Freilicht-Deichmuseum. Drei unterschiedliche Deichstücke aus der Zeit um das Jahr 1200, um 1600 und um das Jahr 1800 zeigen auf unterschiedliche Art, wie die Menschen versuchten, sich vor Sturmfluten zu schützen.
Vom Parkplatz P1 sind es 200 Meter zu Fuß zum Museum, außerdem führt der Fahrradweg am Deich direkt am Museum vorbei.
Mittelweide, 25761 Büsum

Entdecken und Erleben

Seit mehr als 125 Jahren findet jedes Jahr Ende Juli oder Anfang August die **Büsumer Kutterregatta** statt. Die Wettfahrt um das „Blaue Band" wird auf einer acht Seemeilen langen Strecke (ca. 14 Kilometer) ausgetragen. An Land wartet ein umfangreiches Begleitprogramm auf Besucherinnen und Besucher, manche Kutter nehmen auch Passagiere an Bord.
www.regattaverein-buesum.de

Zwischen April und Oktober nimmt der **Krabbenkutter „Hauke"** regelmäßig Landratten mit hinaus auf Fangfahrt. Auch Heiraten an Bord sind möglich.
www.adler-eils.de

Eine ganz besondere Büsumer Tradition ist **Wattenlaufen mit Musik**. Im Jahr 1900 überredete ein Hamburger Badegast eine Straßenkapelle zum Musizieren im Watt. Die Menschen waren begeistert. Und bis heute geht es mit Pauken und Trompeten zum Wandern im Matsch.

Essen und Trinken

Fisch oder Krabben, Nordsee- und Hafenblick oder inmitten der quirligen Fußgängerzone: Büsum bietet Auswahl für jeden Geschmack – von Tradition bis zur Modern

„Zur alten Post". Dort soll angeblich der Eiergrog erfunden worden sein.
Hafenstr. 2, 25761 Büsum
www.zur-alten-post-buesum.de

Maritim: **Kolles Alter Muschelsaal**
Hafenstraße 27, 25761 Büsum
www.kolles-alter-muschelsaal.de

Mit Nordseeblick: **Lighthouse Hotel**
Am Museumshafen 11, 25761 Büsum
www.hotel-lighthouse.de

Tourist-Information
Tourismus Service Büsum
Südstrand 11, 25761 Büsum
www.buesum.de

UMGEBUNG

Grüne Kleinode mit Geschichte

Im Norden schließt sich **Westerdeichstrich** an: Ein paar Reetdachkaten kuscheln sich hinter den Deich, die Wasserflächen alter Wehlen erinnern an vergangene Sturmfluten und Deichbrüche, ansonsten gibt es viel Raum für Campingplätze. Als ruhiges Kleinod gilt **Büsumer Deichhausen**, ein Dorf mit einer mehr als 1000jährigen Geschichte. Den Ort auf einer alten Wurt, der im Mittelalter als „Dykhusen" erwähnt wurde (Siedlung „zu den Häusern am Deich"), prägen ebenfalls noch einige Reetdachhäuser. Auch Büsumer Deichhausen mit seinem grünen Südstrand lebt heute vom Tourismus: Auf 334 Einwohner kommen rund 800 Gästebetten.
Ebenfalls kurtaxfrei ist der grüne Strand von **Warwerort**, das sich im Osten anschließt und in den Speicherkoog hineinragt; bis zu dessen Entstehung hatte der 300-Einwohner-Ort noch einen eigenen Hafen.
Priele und naturgegebene Wasserhindernisse kennzeichnen den **Golfplatz** des Clubs Büsum Dithmarschen direkt am Naturschutzgebiet „Wöhrdener Loch".
www.warwerort.de
www.gc-buesum.de

Flugplatz Heide-Büsum

Vom kleinen Flugplatz aus werden Rundflüge angeboten, möglich sind aber auch Flüge nach Helgoland.
www.flugplatz-heidebueseum.de

Essen und Trinken

Gereift im Meeresklima direkt am Deich: Im Sommer 2020 gab es die ersten Flaschen eines **Dithmarscher Whisky** aus Westerdeichstrich – er soll künftig zu einem waschechten Coastal Malt werden.
www.dithmarscher-whisky.de

AN DER EIDER: VON LUNDEN BIS LEXFÄHRE

Als „reizenden Eiderfluß, ...der sich in unzähligen Krümmungen dahinwindet", beschrieb Paul Verne den heute ruhig, fast träge dahinfließenden Strom. Im Jahr 1881 reiste er zusammen mit seinem Bruder, dem berühmten Schriftsteller Jules Verne, an Bord der Dampfyacht „Saint Michel" über die Eider und den Eider-Kanal von Tönning nach Kiel. Und auch heute noch bietet Urlaub an der Eider oder zumindest ein Ausflug dahin ganz besondere Reize.

LUNDEN

Kirche und Gräber erzählen Dithmarscher Geschichte

Berühmt ist der Ort im Norden Dithmarschens für seinen **„Geschlechterfriedhof"** rund um die Kirche auf einer alten Geestzunge am Rande eines früheren Steilufers. Er ist ein einzigartiges Zeugnis **Dithmarscher Landesgeschichte**.

Die Geschlechterverbände gingen vermutlich aus mittelalterlichen Siedlungsverbänden hervor. Einzelne Familien konnten damals den Bau von Deichen und die Entwässerungsmaßnahmen der Marsch kaum allein bewältigen. Erst in einem genossenschaftlichen Zusammenschluss ließ sich das fruchtbare Land urbar machen und durch Deiche sichern.

Später entwickelten sich daraus Schwurgemeinschaften und Waffenbrüderschaften. Auch im Nachbarort **St. Annen** sind Spuren dieser alten Dithmarscher Tradition erhalten.

Die frühesten Gräber auf dem Lundener Friedhof stammen aus dem 16. Jahrhundert, die letzte Beisetzung erfolgte 1945. **66 Grabsteine und Stelen** sind neben einer Reihe von Begräbnisgrüften bis heute erhalten; sie erzählen vom Leben der mächtigen Familienverbände, und sie repräsentieren zugleich Stolz und Wohlstand der Bauerngeschlechter.

Lundener Geschlechterfriedhof.

Am bekanntesten ist ein **Sühnestein für Peter Swyn**, ursprünglich an einem Weg im Lundener Moor als Erinnerung an den Mord an dem einflussreichen Regenten im Jahr 1537 aufgestellt. Peter Swyn (geboren 1480 in Lehe) setzte sich für eine Reihe von Reformen ein, darunter die Aufhebung der

Die St.-Laurentius-Kirche von Lunden.

Blutrache und der Schwurgemeinschaften, zugleich forderte er Steuererhöhungen. Nach seinem Tod wurde er als „pater patriae“, als „Vater des Vaterlandes“ hoch geehrt.

„Sühnestein“ auf dem Geschlechterfriedhof.

Die unmittelbar an Lunden anschließende Gemeinde **Lehe** hat für ihr heutiges Wappen sogar den halben Adler und die halbe Lilie der Wurtmannen übernommen, zu denen die Familien Swyn und Nanne gehörten; der Name leitet sich vermutlich vom Namen Sven oder Svein ab. Peter Swyns Enkel Marcus (1524–1585) gehörte wie auch sein Vater zu den Dithmarscher Regenten; nach 1559 war er erster herzoglicher Landvogt in Norderdithmarschen. Er war auch Auftraggeber des berühmten **„Swynschen Pesel“**, der heute im Dithmarscher Landesmuseum in Meldorf steht.

St.-Laurentius-Kirche

Auf einer hohen Sanddüne entstand um das Jahr 1100 herum die erste Kirche in Lunden. Spätere Jahrhunderte haben für viele Veränderungen des ursprünglich romanischen Feldsteinschiffs gesorgt, für dessen Bau auch aus dem Rheinland importierter Tuffstein verwendet wurde. Um 1470 wurde der Chor im Osten verlängert, im Jahr 1784 erhielt die Kirche über dem Westende den hohen hölzernen Chor, und nach einem großen Brand musste die Südwand erneuert werden. Bereits 1559 und noch einmal 1834 brachen Feuer in der Kirche aus. Im Inneren präsentiert sie sich heute als großer schlichter Raum.

NaTour-Centrum und Museum

Die Einflüsse der Nordsee auf die Niederungen der Eider-Treene-Sorge-Region und die engen Verknüpfungen der in die-

sem Raum lebenden Menschen mit der Natur und den Tieren lassen sich im „NaTour-Centrum" in einer Multimediaschau, an Mitmachterminals und in einem Naturerlebnisraum nachvollziehen. Das Heimatmuseum in der ehemaligen Schule zeigt Dithmarscher Leben vergangener Jahrhunderte, darunter auch eine Ausstellung rund um den berühmten Dithmarscher Peter Swyn. Außerdem besitzt es ein Dithmarscher Auswandererarchiv. Unter ihnen war auch Wilhelm Heinrich Detlev Körner (1878–1938), der in den USA als **„Westernmaler"** berühmt wurde; Präsident George W. Bush schätzte ihn so sehr, dass er ein Bild Körners im Oval Office aufhängen ließ. (Museum geöffnet nur donnerstags oder nach Vereinbarung).
Wilhelmstraße 18
25774 Lunden
www.museum-lunden.de

Entdecken und Erleben

Wollersum (Gemeinde Groven) war einst der Lundener Eiderhafen mit einer der wichtigsten Fährverbindungen nach Eiderstedt und Stapelholm. Heute liegt dort die **Naturbadestelle**, die gemeinsam von den vier Gemeinden Lunden, Groven, Krempe und Lehe unterhalten wird.
Im östlich von Lunden liegenden Naturschutzgebiet, der **Lundener Niederung**, lädt im **Mötjenpolder** ein Aussichtsturm zur Beobachtung seltener Vögel ein; das

Einst Schule, jetzt Museum von Lunden.

unter Meeresspiegel-Höhe liegende Gebiet ist durch ein enges Netz von Wanderwegen erschlossen. Am NaTour-Centrum startet ein 12,8 Kilometer langer Wanderweg rund um das Krempeler Moor und das Naturschutzgebiet, in dem auch Seeadler brüten.
www.echt-dithmarschen.de

Essen und Trinken

An einem Platz mit Lindenbäumen liegt das Hotel und Restaurant **„Lindenhof 1887"**,
Friedrichstr. 39, 25774 Lunden
www.lindenhof1887.de

Frühstück und Sahnetorte direkt am Eiderdeich: Café **„Liebevoll hinterm Deich"**,
Lundener Koog 1, 25774 Lehe
www.liebevoll-hinterm-deich.de

Touristinformation Amt Eider
Tannenweg 2 a,
25774 Krempel (Dithmarschen)
www.gemeindenn-lunden-lehe-krempel.de

ST. ANNEN

Erste Brücke über die Eider

Als im Jahr 1491 die Eindeichung der Eiderinsel Bösbüttel geglückt war, stifteten Heymen Claus, Russen Marquart und Junge Claus Johann als Dank eine Kapelle, die der **heiligen Anna** gewidmet war. Immerhin war der Deich vor allem das Verdienst dieser drei Männer aus dem Geschlecht der Russeboligmannen. Bis heute liegt das von Entwässerungsgräben durchzogene Marschland an vielen Stellen auf Meeresspiegelhöhe. In der flachen Landschaft fallen einige unbebaute Warften auf, manche dienten früher als Fluchtplätze für das Vieh.

Ende des 19. und zu Beginn des 20. Jahrhunderts wurden bei St. Annen die ersten festen Eider-Querungen gebaut: Im Jahr 1886 eine Drehbrücke für die als **Marschbahn** bezeichnete Eisenbahnlinie an der Westküste, im Jahr 1916 folgte eine Straßenbrücke nach Friedrichstadt mit einem klappbaren Mittelteil. Zuvor mussten Fähren den Verkehr über die Eider sicherstellen.

Einer ihrer prominentesten „Passagiere" war **Prinz Heinrich**, Bruder von Kaiser Wilhelm II. und ganz nebenbei Erfinder der Auto-Scheibenwischer. Als er sich im Jahr 1911 von Friedrichstadt mit der Fähre nach Bösbüttel übersetzen lassen wollte, fragte er einen seiner Begleiter, wieviel er denn zahlen solle. Die Antwort: Eine Mark Trinkgeld für jedes Kind des Fährmannes. Was Prinz Heinrich nicht wusste: Der Mann hatte sage und schreibe 18 Kinder, „Na, wenn ich achtzehn Mark geben soll, kann ich auch gleich zwanzig geben", soll der Prinz gesagt haben und drückte dem Fährmann ein **goldenes Zwanzig-Mark-Stück** in die Hand.

Die Kirche

Im Jahre 1501 wurde die Backstein-Kapelle von St. Annen mit ihrem sorgfältig verzierten Mauerwerk errichtet, 1571 bereits weitgehend erneuert und 1877 erneut umgestaltet. Innen trifft man bis heute auf die Spuren der Russeboligmannen. So sind die geschlossenen Logen dieses Geschlechts erhalten geblieben. Sie waren an den Landbesitz gebunden und gehörten zu drei Höfen, nach denen sie Rossstuhl, Hemsstuhl und Heimstuhl heißen.

Als bemerkenswert gilt der barocke Altaraufsatz des Lundener Bildschnitzers Claus Heim. Aus dem Jahr 1587 stammt die Kanzel im Renaissance-Stil, vermutlich aus Na-

Die Kirche von St. Annen.

mur der dunkle Stein der Taufe. Ende des 14. Jahrhunderts entstanden die Figuren des Holzaltars an der Nordwand, ein Marienkrönungsaltar.

Über die Schleuse nach Stapelholm

Radfahrer und Fußgänger dürfen östlich von St. Annen die **Schleuse Nordfeld** bei dem nordfriesischen Drage als bequeme Verbindungen über die Eider bei Ausflügen zwischen Stapelholm und Dithmarschen nutzen. Gebaut wurde sie in den Jahren 1934 bis 1936 als Schutz für die immer wieder von Hochwasser und Sturmfluten bedrohten Eiderniederungen, das heutige Eidersperrwerk kam erst viele Jahrzehnte später. Bei ihrer Fertigstellung lag die Schleuse Nordfeld noch in der ersten Deichlinie und trennte nun den gezeitenabhängigen Teil des Flusses von der Binnen-Eider. Bis dahin hatten sich Ebbe und Flut zum Beispiel bis in das 80 Fluss-Kilometer weiter im Binnenland liegende Rendsburg bemerkbar gemacht.
www.wsa-toenning.wsv.de

Die **Bauernglocke von 1797** des 600-Einwohner-Dorfes Drage am Stapelholmer Eiderufer erinnert an bewegte Zeiten. Sie wurde bei Feuer oder Hochwasser geläutet, ertönte aber auch als Einladung zu Versammlungen. Besonders stolz ist der kleine Ort auf seine 40 erhaltenen Reetdachhäuser.

Entdecken und Erleben

In vier sportlichen Etappen (jeweils 55 bis 75 Kilometer) und fünf „Genießeretappen" führt der große **Eider-Treene-Sorge-Radweg** zu den sehenswertesten Orten der Flusslandschaft; in Dithmarschen an der Eider entlang und in Stapelholm über Friedrichstadt bis Hollingstedt, vor rund 1000 Jahren der Nordseehafen der großen Wikingersiedlung Haithabu.
www.ets-radweg.de

DELVE

Idyll und alter Eiderhafen

Die Eider bestimmt seit jeher das Leben in Delve. Heute schätzen **Camper** und **Freizeitschipper** die ruhige Atmosphäre, früher war der Fluss die Lebensader für Fischer und Berufsschiffer. Ein Segelschiff ziert denn auch das Delver Wappen, und allein schon der Name des 1281 zum ersten Mal urkundlich erwähnten Dorfes verweist auf das Wasser: „Delf" ist eine niederdeutsche Bezeichnung für Graben.

St. Marien in Delve.

Gegründet wurde der kleine Ort auf einem Geestrücken, der an dieser Stelle bis dicht an die Eider reicht und damit Schutz vor Sturmfluten und Hochwassern des ungezähmten Flusses bot. Bei der großen Mandränke von 1362 gingen dennoch mehrere Dörfer im Delver Koog unter.

Die Eröffnung des **Schleswig-Holsteinischen Kanals** im Jahr 1784**,** dem später Eider-Kanal genannten Vorläufer des Nord-Ostsee-Kanals, sorgte für regen Betrieb auf der Eider und Wohlstand im Ort. So waren im Jahr 1889 immerhin 16 seetüchtige Schiffe und vier Flusskähne in dem kleinen Ort beheimatet. Viehtransporte nach England und Kohle als Rückfracht versprachen gute Gewinne.

Mit der Eröffnung des **Nord-Ostsee-Kanals** im Jahr 1895 verebbte der Warenverkehr. Die Eider verlor ihre Bedeutung als Wasserstraße, es wurde still auf dem Fluss. Geblieben ist ein idyllischer Ort mit vielen gepflegten Reetdachhäusern, mit einer Einsetzstelle für **Kanus**, einer **Badestelle** im Ortsteil Schwienhusen, Wander- und Radwanderwegen und nicht zuletzt dem Hafen für Motorboote und kleine Segelyachten.

www.fremdenverkehrsverein-delve-schwienhusen.de

Die Kirche

Viele Geschichten ranken sich um die spätromanische **St.-Marien-Kirche** von Delve, errichtet wohl schon vor dem Jahr 1250. So sollen sich die Menschen damals nicht einig gewesen sein, wo die Kirche denn nun gebaut werden sollte. Also banden sie einem Pferd ein Marienbildnis auf den Rücken und warteten ab. Dort, wo das Pferd am nächsten Tag graste, sollte das Gotteshaus errichtet werden.

Der freistehende **hölzerne Glockenturm** gehört zu den ältesten auf dem europäischen Kontinent. Bei dendrochronologischen Untersuchungen wurde festgestellt, dass die Eichen für den Glockenstapel bereits um das **Jahr 1349** gefällt wurden. Nachdem die Sanierung des Turms abgeschlossen werden konnte, wurde im Jahr 2020 auch mit Hilfe von Zuschüssen aus Berlin die Sanierung des Daches und des Mauerwerks der Kirche in Angriff genommen.

Drei Votivschiffe, das älteste aus dem Jahr 1783, zieren die Feldsteinkirche. Auch sie symbolisieren die enge Verbundenheit mit der Schifffahrt. Gestiftet wurden sie von der im Jahr 1741 erstmals erwähnten **Delver Schiffergilde**. Die Triumphkreuzgruppe (nach 1375) zählt zu den ältesten erhaltenen in Schleswig-Holstein. Die Kanzel wurde 1618 gestiftet, den Altar schnitzte H. Claussen aus Neuenkirchen.

Entdecken und Erleben

Ein ganz besonderes Erlebnis ist es, mit der **Bargener Fähre** auf der Eider zu schippern. Mehr als 400 Jahre lang pendelte ab 1554 ein Boot zwischen den Orten Delve-Schwienhusen auf der Dithmarscher Seite und Erfde-Bargen in Stapelholm. Mit dem Bau der Straßenbrücke bei Pahlen im Jahr 1961 verlor sie ihre Bedeutung. Im Jahr 2000 beschlossen die Gemeinden Erfde und Delve gemeinsam, eine neue Fährverbindung einzurichten. Seit gut 20 Jahren befördert nun die neue Fähre von Mai bis September an Wochenenden und Feiertagen Fußgänger und Radfahrer über die Eider. Angeboten werden außerdem Dämmerungs- und Thementouren auf dem Fluss. Für die Naturerlebnisfahrten muss man allerdings früh aufstehen: Sie starten manchmal bereits um 4.30 Uhr.

www.bargener-faehre.de

Fast 200 Hektar umfasst das **Naturschutzgebiet Delver Koog** in einer der großen Eiderschleifen. Das Niedermoorgebiet ist eines der größten Rastgebiete für die in Deutschland vom Aussterben bedrohte Kornweihe. Ein Informationsstand informiert über das Naturschutzgebiet mit sei-

Mit der Bargener Fähre über die Eider.

nen vielen offenen Wasserflächen, außerdem wurde ein Informationsstand eingerichtet.
Von Lunden bis Hennstedt führt die **Eider-Erlebnis-Route** für Radfahrer, in Nordfeld geht es dabei über die Schleuse, in Bargen mit der Fähre über die Eider.
An der Bargener Fähre startet auch ein 30 Kilometer langer Fahrrad-Rundweg, auf dem es unter anderem auf die andere Eider-Seite ins Museum von Erfde geht und weiter über Pahlen und Dörpling.
www.echt-dithmarschen.de/radfahren

Essen und Trinken

Gut Apeldör, das Restaurant des gleichnamigen 27-Loch-Golfplatzes
Apeldör 2, 25779 Hennstedt
www.apeldoer.de

Café Klön-Stuuv
Fuhlhorn 10, 25788 Delve

Kirche und Pastorat von Pahlen.

PAHLEN

Disko und Wasserski

Pahlhude war der bedeutendste Dithmarscher Flusshafen, als die Eider noch Schleswig-Holsteins wichtigste Wasserstraße war. In manchen Jahren wurde er von mehr als 500 Segelschiffen angelaufen. Bis zum Bau der Eiderbrücke im Jahr 1961 pendelte außerdem eine Fähre über die Eider.
Im 19. Jahrhundert wurden über Pahlhude (Hude bedeutet Stapelplatz, Anlegestelle) vor allem die Produkte der Pahlener Ziegeleien und einer Zementfabrik verschifft. Heute beherrschen rechts und links der Eiderbrücke **zwei Sportboothäfen** mit rund 140 Liegeplätzen für Motor- und Segelboote das Bild. Für alle, die es rasanter mögen: Direkt daneben ist eine **Wasserskistrecke** ausgewiesen. Kanus (Verleih) oder auch Leihfahrräder bieten sich zur gemächlicheren Erkundung der weitläufigen Moor- und Wiesenlandschaft an.
An die kurze Geschichte der **Kreisbahn Norderdithmarschen** erinnert der liebevoll gepflegte ehemalige **Lokschuppen** (Privatbesitz) in der Fischerstraße. Von 1901 bis 1937 sorgte die Schmalspurbahn für eine verkehrsmäßige Erschließung der Geest im Osten des Kreises. Vor allem Baumaterial, Dünger und Kalk wurden auf der 54 Kilometer langen Rundstrecke zwischen Heide und Pahlhude transportiert. Alte Fo-

tos und Schilder an der Außenwand des Lokschuppens dokumentieren diese Epoche.

Bundesweit bekannt wurde der 1200-Einwohner-Ort durch die auf 2000 Personen ausgelegte „Eiderlandhalle" und vor allem das **„Pahlazzo"** – eine der größten Diskotheken im Land und in der Vergangenheit immer wieder Sprungbrett für Sänger-Karrieren. Im ursprünglich „Pahlhuder Fährhaus", später zeitweise auch „Dithmarscher Hof" genannten Traditionsbetrieb fanden oftmals sogar die Gottesdienste statt.

Denn erst in den 1920er Jahren erhielt Pahlen eine eigene **Kirche**. Das von dem Kieler Architekten Hans Schnittger 1926 im Heimatschutzstil entworfene Ensemble von Gotteshaus, Konfirmandensaal und Pastorat steht heute unter Denkmalschutz; es gilt als bemerkenswerte Lösung für eine zeitgemäße Dorfkirche. Ein Modell des letzten auf der Eider beheimateten Segelschiffs, der **„Dora"**, wurde der Dankeskirche als Votivschiff gestiftet.

Historische Dampfbahn in Pahlen.

Die Mühle von Dörpling.

Die **Mühle „Fortuna"** ist das Wahrzeichen des Nachbardorfs **Dörpling.** Gebaut wurde der sogenannte Berghölländer im Jahr 1853 durch den Heider Mühlenbauer Christian Claußen, einen Schwager des Dichters Klaus Groth. Sie wird heute als Ferienwohnung genutzt.

www.gemeinde-pahlen.de

Entdecken und Erleben

Von Pahlen führt ein zwölf Kilometer langer Rundweg durch das **Dörplinger Moor** und zum „Vierrutenberg", einem alten offenen Speicher.

Hohner Fähre: Alte Verbindung über die Eider neu belebt.

TIELENHEMME

„Siebenundneunzig Prozent Himmel darüber"

„Hier bin ich sehr gern immerdar", schrieb Tielenhemmes berühmteste Bürgerin über ihr Leben am „Weltrand". Zugleich nannte **Sarah Kirsch** die moorige Gegend an der Eider eine „merkwürdige Gegend" mit „siebenundneunzig Prozent Himmel darüber". Von 1983 bis zu ihrem Tod lebte Sarah Kirsch (1935 – 2013) im ehemaligen Schulhaus von **Tielenhemme**. 1977 hatte sie zusammen mit ihrem Sohn Moritz die DDR verlassen dürfen, und nach einer Zwischenstation unter anderem in Berlin, zog sie sich mit Schafen, Hund und Katzen in das 180-Einwohner-Dorf am Eider-Deich zurück. In ihrem Tagebuch notierte die Schriftstellerin, die als eine der bedeutendsten deutschen Lyrikerinnen gilt: „Hier ist es besser, ein Anblick von Sonne und Mond macht alles wett oder der Wind nun ums Haus."

Tielenhemme bestand ursprünglich aus den drei Eiderinseln Sehebrook, Hulpeshemme und Tielenhemme – zeitweise hef-

tig umstritten zwischen Dithmarschen und Stapelholm. 1623 wurden die Inseln eingedeicht, der Tielenhemmer Koog gehörte von da an zu Norderdithmarschen.
In einem Friedensvertrag zwischen Schleswiger Herzog, Holsteiner Graf und Schleswiger Bischof wurde im Jahr 1323 an der Mündung der Tielenau in die Eider zum ersten Mal eine **„Tielenburg"** der Holsteiner erwähnt, die im Lauf der folgenden Jahrhunderte immer wieder umkämpft war. Nach ihrem Sieg über den dänischen König Johann I. und seinen Bruder Herzog Friedrich I. im Jahr 1500 zerstörten die Dithmarscher die Burg endgültig. Als Name eines Bauernhofs ist der Begriff bis heute erhalten.
www.kuladig.de

Entdecken und Erleben

Die geschmolzenen Gletscherzungen der vorletzten Eiszeit hinterließen in der Niederung des Flüsschens Tielenau eine moorige Landschaft. Das 620 Hektar große **Dellstedter Birkwildmoor** steht seit 1989 unter Naturschutz, ein Rundwanderweg führt durch das als Nordermoor bezeichnete Teilgebiet.
Karte unter: www.stiftungsland.de

Für einen Ausflug auf das andere Eiderufer bietet sich für Fußgänger und Radfahrer die **Hohner Fähre** an, die zwischen Mai und September beide Seiten verbindet. Im Jahr 1634 wurde zum ersten Mal die erste Fährverbindung zwischen beiden Eiderufern in Betrieb genommen. Bis 1961 hatte sie Bestand – auch wenn sich die Fährleute zwischendurch beklagten, dass die Dithmarscher lieber weite Umwege in Kauf nahmen, als den Fährzoll zu bezahlen. Fast 40 Jahre später nahm zunächst ein Ruderboot die alte Verbindung wieder auf, seit 2005 ist auf Initiative eines Vereins ein größeres Boot im Einsatz. Besonders beliebt sind die einstündigen Rundfahrten durch die Naturlandschaft der Eider.
www.hohnerfaehre.de

LEXFÄHRE

Von der Eider in die Welt

Von Lexfähre (Gemeinde Wrohm) aus sind es 85 Kilometer bis zur Eidermündung im Westen, aber nur noch vier Kilometer bis zum Gieselau-Kanal, der einzigen Verbindung zwischen Eider und Nord-Ostsee-Kanal.
Um eine **Schleuse** anzulegen, wurde im Jahr 1933 eine Eiderschleife abgetrennt. Die alten Flussarme reichen unmittelbar an die Bundesstraße 203 heran, die dort mit einer Brücke nicht nur die beiden Flussufer verbindet, sondern auch die Kreise Dithmarschen und Rendsburg-Eckernförde. Mit

der 1936 fertig gestellten Zwischenabdämmung bei **Lexfähre** sollten gleichmäßig hohe Wasserstände zwischen dem Sperrwerk Nordfeld bei St. Annen und Rendsburg erreicht werden. 1951 wurde zusätzlich ein Schöpfwerk in Betrieb genommen. Ursprünglich existierten am Ostrand des Kreises Dithmarschen zwei Fährverbindungen über die Eider: Altenfähre und Lexfähre, das seinen Namen einem früher in Dithmarschen gebräuchlichen Vornamen ver-

Bootsanleger von Lexfähre.

Blick über die Eider.

dankt. Der Fährverkehr wurde 1939 endgültig eingestellt, die alten Eiderarme dienen heute als Boots- und Yachtliegeplätze. Und obwohl sie tief im Binnenland liegen, kann man von dort aus trotzdem in die Welt segeln.

www.wsa-elbe-nordsee.wsv.de

www.eiderhafen-lexfaehre.de

Essen und Trinken

Zum alten Fährhaus

Lexfähre 8, 25799 Wrohm

www.faehrhaus-lexfaehre.de

UMGEBUNG

Gieselau-Kanal

Verbindung zum Nord-Ostsee-Kanal

Die Gieselau war ursprünglich ein Nebenfluss der Eider, durch den Nord-Ostsee-Kanal (NOK) wurde sie zerschnitten. Der 1936/37 vom Reichsarbeitsdienst zugleich mit dem Sperrwerk Nordfeld und der Schleuse von Lexfähre angelegte Kanal verbindet bei Kanalkilometer 40 den NOK mit der Untereider. Da die Eider auf einem niedrigeren Niveau liegt, wurde zur Regulierung der Pegelstände in der Mitte des 2,5 km langen Kanals eine **Schleuse** (70 Meter lange Kammer) mit Straßenklappbrücke errichtet.

Mit der Inbetriebnahme des Gieselau-Kanals verlor die Alte Schleuse in Rendsburg ihre Funktion und wurde zugeschüttet. Bis dahin hatte sie Ober- und Untereider verbunden. Nun wurde der Gieselau-Kanal zur einzigen Verbindung zwischen Eider und Kanal – vor allem bei Sportschiffern sehr geschätzt. Doch die Zukunft der maroden Schleuse ist ungewiss, vor allem, da die Kosten für den Bund höher sind als die Einnahmen durch die Schleusung von Schiffen. Skipper und Tourismus-Experten setzen sich entschieden für den Erhalt ein.

Die Entwässerung der umliegenden Ländereien erfolgt über ein Schöpfwerk.

Schleuse im Gieselau-Kanal.

Dithmarscher Identität, Stolz und Freiheitsdrang

„Dithmarscher, dat schölen Buren sin? It mögen wol wesen Heren" – „Die Dithmarscher, das sollen Bauern sein? Das sind doch Herren". So formulierte noch Jahrhunderte nach dem Ende der Bauernrepublik erstaunt und fast ehrfürchtig der gebürtige Sachse Robert Heinrich Chalybaeus (1827–1896), Professor an der Meldorfer Gelehrtenschule und Autor einer Dithmarscher Landesgeschichte.

Die Geschichte von Dithmarscher Stolz und Dithmarscher Freiheit ist einmalig; sie wird manchmal mit der Schweiz verglichen. Aber nicht die Auseinandersetzung mit einer Obrigkeit wie bei den Eidgenossen in der Schweiz stand am Anfang, sondern der Kampf ums Land. Für den Deichbau und bei der Besiedlung des Marschlandes waren viele Hände notwendig, mehr als eine Familie allein aufbringen konnte. So bildeten sich die Geschlechter – nicht als Sippen, sondern als mächtige Interessenverbände und Schwurgemeinschaften jeweils mehrerer Familien. Sie wurden zur Aristokratie eines Landstrichs, in dem der Adel sich anpassen und auf eigene Privilegien verzichten musste oder das Land zu verlassen hatte.

Lehnsherr dieser Region zwischen Eider und Elbe war ab 1228 zwar der Erzbischof von Bremen, doch er ließ den Dithmarschern eine weitgehende Unabhängigkeit. Zu Verwaltungseinheiten entwickelten sich die Kirchspiele, so dass man das Land ab dem 14. Jahrhundert als Föderation dieser durchaus eigenständigen Verwaltungsbezirke betrachten kann – mit unterschiedlichen Interessen und oftmals sogar eigener „Außenpolitik". Das Dithmarscher Landrecht sollte ab 1447 die manchmal widerstrebenden Belange vereinen.

Neben die „Meynheyd", die Landesversammlung, traten jetzt die „48er": 48 auf Lebenszeit gewählte Richter, später als Regenten bezeichnet. Sie wurden zur eigentlichen Regierung, die sich jeden Sonnabend in Heide traf. Daneben gab es fünf Vögte, die zuständig waren für die fünf Wehrbezirke, „Döffte" genannt.

Mit der Schlacht von Hemmingstedt am 17. Februar des Jahres 1500 feierte das Dithmarscher System seinen letzten großen Triumph. Sie prägt in Dithmarschen bis heute Bewusstsein und Identität. Etwa 6000 Dithmarscher schlugen das 12.000 Mann starke Invasions-Heer des Königs von Dänemark, seines Bruders Herzog Friedrich und der holsteinischen Fürsten.

Anschauliches Diorama der Schlacht von Hemmingstedt.

Für den schleswig-holsteinischen Adel wurde dieser Tag zu einem Desaster: 76 Ritter fanden den Tod, allein aus einer einzigen Familie, den Ahlefelds, fielen elf Männer, andere Familien mussten jeweils sechs oder sieben Tote beklagen.

Genau 400 Jahre nach dem Gemetzel, das den Dithmarschern für die nächsten fast 60 Jahre noch einmal ihre Unabhängigkeit bewahrte, wurde das Denkmal auf der **Dusenddüwelswarf** errichtet, darauf in Stein gemeißelt der Schlachtruf der Dithmarscher: **„Wahr di Gahr, de Bur kümt"** (Nimm dich in Acht Garde, der Bauer kommt). Der tatsächliche Ort der Schlacht lag vermutlich ein paar hundert Meter weiter nördlich.

In der Nacht davor hatten etwa 300 Dithmarscher den Weg für das königliche Heer durch eine rasch aufgeworfene Schanze versperrt. Der Organisator war **Wulf Isebrand**, er wurde auch zum Anführer der Schlacht, der sich im Laufe des Tages immer mehr Dithmarscher anschlossen. König und Herzöge waren bei **Albersdorf** nach Dithmarschen eingefallen, hatten **Meldorf** besetzt und waren nun auf dem Weg weiter nach Norden.

Denkmal für die Schlacht von Hemmingstedt, errichtet 400 Jahre später.

An der Spitze des Heeres zog die 4000 Mann starke Elitetruppe des Junkers Slentz, die **„Schwarze Garde"**. Vergeblich versuchten die Söldner, die Schanze zu umgehen, dabei kam den Dithmarschern die Nordsee zur Hilfe. Sie öffneten die Deichsiele, die Wiesen wurden zu sumpfigem Morast, und die Flut ließ die Gräben überlaufen. Heer und Tross stauten sich in einem heillosen Chaos auf der Straße zurück bis Meldorf. Die Dithmarscher dagegen nutzten ihre Spieße und Speere als **Klootstöcke**, mit deren Hilfe sie über die Gräben springen und das königliche Heer immer wieder von der Seite angreifen konnten. Die glücklosen Eroberer wurden blutig niedergemetzelt, die Dithmarscher Bauern errangen einen **überragenden Sieg**.

Bis 1559 konnte Dithmarschen erfolgreich seine innere Freiheit gegen die Begehrlichkeiten des holsteinischen Adels verteidigen, die der Reichtum der Marschbauern immer wieder zu Eroberungsversuchen verleitete.

Manchmal wird vermutet, die Umständlichkeit ihres mittelalterlichen Verwaltungs- und Verteidigungssystems sei letztendlich einer der Gründe gewesen, warum die Dithmarscher dann doch dem dänischen König und seinen Brüdern, den Herzögen von Schleswig-Holstein-Gottorf und von Hadersleben, mit ihren für jene Zeit modernen Armeen in der **„Letzten Fehde“** 1559 unterlagen. Die neuen Herren teilten das Land zunächst in drei Teile, nach dem Tod des kinderlos gestorbenen Herzogs von Hadersleben dann in zwei Teile.

Süderdithmarschen gehörte fortan zum Einflussbereich des Königs, Norderdithmarschen den Gottorfer Herzögen.

Die **„48er“** mussten kniefällig kapitulieren, ihre Ämter niederlegen und ihre Waffen abgeben.

Dennoch gelang es den Dithmarschern, sich auch weiterhin ein hohes Maß an Selbstständigkeit zu erhalten. Das Sagen im Land hatten dieselben Familien wie vorher. So wurde zum Beispiel **Marcus Swyn** (1523/24–1585), geschickter Unterhändler beim Friedensvertrag mit König und Fürsten, der erste herzogliche Landvogt in Dithmarschen. Er war der Enkel des einflussreichen Regenten **Peter Swyn** aus Lunden und bis 1559 selbst einer der „48er“.

Das endgültige Aus für das Dithmarscher Eigenleben kam erst, als Schleswig-Holstein 1867 preußisch wurde.

Dusendüwelswarft

Diorama zur Schlacht im **Informationspavillon** nahe des Denkmals.
Barlter Vierth.
Dehling, 25704 Epenwöhrden
(Hinweisschild an der B 5)
www.landesmuseum-dithmarschen.de

Wahr di Garr, de Bur de kumt: **Hemmingstedt 17. Februar 1500. Gemälde von Max Friedrich Koch.**

FRIEDRICHSKOOG

Urlaub am grünen Deich

Wasser und Watt, grüner Strand und die Weite der Nordseelandschaft – Ferien in Friedrichskoog bedeuten Entschleunigung. Mehr als 300.000 Übernachtungen zählt die Gemeinde auf der Halbinsel zwischen Meldorfer Bucht und Elbmündung mittlerweile jedes Jahr. **Friedrichskoog-Spitze** ist das touristische Zentrum mit Hotels, Ferienwohnungen und Restaurants sowie dem Kurmittelhaus mit Thermalbad.

Die **Seehundstation** ist der große Anziehungspunkt in **Friedrichskoog-Hafen.** Dort werden die **Heuler**, von ihrer Mutter verlassene oder nicht angenommenen Seehundbabys, aufgepäppelt und wieder in die Nordsee entlassen. Am gegenüberliegenden Hafenufer lockt der 125 Meter lange hölzerne **„Willi Wal"** als riesiger Indoor-Spielplatz.
Fischkutter oder Segelboote können den Hafen nicht mehr erreichen; er ist seit 2015 buchstäblich dicht gemacht. Die

Schleuse wurde durch ein Schöpfwerk mit drei Pumpen ersetzt, das jetzt nur das Regenwasser nach draußen befördern kann. Die Friedrichskooger kämpften zwar um ihren Hafen, aber hohe Unterhaltungskosten machten den Hafen zunehmend unrentabel. Jedes Jahr mussten rund 100.000 Kubikmeter Sedimente, die Ebbe und Flut abgelagert hatten, wieder ausgebaggert werden. Die Schiffe zogen nach Büsum um, der Hafen wurde geschlossen.
www.friedrichskoog.de

Mühle „Vergißmeinnicht" in Friedrichskoog.

Spielparadies „Willi Wal" am Hafen.

Hilfe für Heuler

Ihre runden Knopfaugen wirken rührend, Kuscheltiere sind Seehunde und Robben dennoch nicht. In der **Seehundstation** Friedrichskoog erfahren große und kleine Besucher mehr über Leben und Umfeld der beiden an Nord- und Ostsee beheimateten Robbenarten. Und auch, was man tun sollte, wenn man am Strand einen scheinbar verlassenen Seehund findet. Vor allem gilt: Auf keinen Fall anfassen.

Seit 1985 werden jedes Jahr zwischen 150 und 300 **„Heuler"** in Friedrichskoog aufgepäppelt und wieder in die Nordsee entlassen, außerdem auch verletzte Seehunde und Robben. Um sie gar nicht erst an Menschen zu gewöhnen, werden sie in der Quarantänestation sorgfältig abgeschirmt. Etwa 7600 Kegelrobben, erkennbar an ihrem etwas längeren Kopf, und rund 28.000 Seehunde leben im Wattenmeer zwischen Dänemark und den Niederlanden. Seehunde bringen ihren Nachwuchs im Sommer zur Welt, Kegelrobben dagegen im Winter.

Oft schon im Februar werden die ersten in der Seehundstation aufgenommenen Jungtiere wieder ausgewildert. Ihren Namen verdanken sie dem heulenden Laut, mit dem die Kleinen mit ihrer Mutter kommunizieren.

Seehund Hein und **Kegelrobbe Juris** dagegen gehören zu den fünf Seehunden und zwei Kegelrobben, die dauerhaft in Friedrichskoog leben, weil sie aus unterschiedlichen Gründen nicht wieder ausgewildert werden konnten. An großen Unterwasserfenstern oder vom Rand der Wasserbecken aus können Besucher die eleganten Schwimm-Bewegungen der an Land so tollpatschigen Tiere aus nächster Nähe beobachten oder auch zuschauen, wie sie gefüttert werden.

www.seehundstation-friedrichskoog.de

Erdöl und Wind von der Westküste

Sieben Kilometer vor Friedrichskoog liegt die **Mittelplate**, Deutschlands einzige Bohr- und Förderinsel. Seit mehr als 30 Jahren wird dort am Rand des Nationalparks Wattenmeer Erdöl gefördert, bisher mehr als 37 Millionen Tonnen. Seit dem Jahr 2000 wird das Öl nicht nur offshore, sondern auch onshore von der Landstation Dieksand aus mit kilometerlangen Bohrungen aus der Tiefe geholt. In **Büsum** (Ein-

Seehundstation: Hilfe für Seehunde und Robben.

Mittelplate – Deutschlands einzige Öl-Bohrinsel.

kaufspassage Seemeile in der Moltkestraße) und in **Friedrichskoog-Spitze** informieren zwei **Info-Points** über die Ölbohrungen im schleswig-holsteinischen Wattenmeer, die angesichts des sensiblen Umfelds nur unter strengsten Sicherheitsvorkehrungen stattfinden dürfen. Versorgt wird die Bohrinsel übrigens zu hundert Prozent mit grünem Strom.

Der Windenenergiepark Westküste entstand im benachbarten Kaiser-Wilhelm-Koog ab 1987 als **erster Windpark Deutschlands**. Mit der Versuchsanlage „Growian" (Große Windenergieanlage) fanden dort zwischen 1983 und 1987 zuvor erste – nicht gerade erfolgreiche – Tests einer Anlage mit hundert Metern Rotordurchmesser und drei MW Leistung statt. Nach mehrfachem Repowering stehen heute rund 30 Anlagen auf dem Gemeindegebiet.

Mittelplate-Info-Point, Koogstraße 141 (Deichpassage), 25718 Friedrichskoog-Spitze
www.wintershalldea.de
www.windenergiepark-westkueste.de

Trischen – Für Menschen tabu

Für Besucher tabu ist die 14 Kilometer vor der Küste liegende **Insel Trischen.** Neben mehr als 190 verschiedenen Vogelarten ist der Vogelwart – oder auch die Vogelwartin – des Naturschutzbunds (NABU) von Mai bis Oktober einziger Bewohner des drei Kilometer langen Eilands im Kerngebiet des Nationalparks Wattenmeer.

Bis zu 300.000 Vögel nutzen Trischen als Rastplatz, 15.000 bis 20.000 Vogelpaare brüten dort. Die Insel verändert ständig ihr Gesicht und ihre Größe, immer wieder wird sie von Sturmfluten überspült. Entstanden ist sie vor etwa 400 Jahren ohne einen festen Kern aus aufgespülten Sänden; mit einer Geschwindigkeit von bis zu drei Metern pro Monat bewegt sie sich auf das Festland zu, dabei hat sie in den vergangenen hundert Jahren dreiviertel ihrer Fläche verloren. Auch die Stelzen-Hütte des Vogelwarts muss deshalb immer wieder versetzt werden. Ab 1784 diente eine Bake auf Trischen als Orientierungspunkt für die Schifffahrt, später wurde sie zu einem Zufluchtspunkt für Schiffbrüchige ausgebaut. Elf Mal musste sie im Laufe der Zeit ihren Standort wechseln, die letzte **Trischen-Bake** steht heute am ehemaligen Hafen von Friedrichskoog.

www.schleswig-holstein.nabu.de/natur-und-landschaft/nabu-schutzgebiete/trischen/

Köge als Jahresringe der Geschichte

Friedrichskoog bedeutet aber nicht nur Baden und Wattwandern im Rhythmus der Gezeiten oder Fahrradausflüge durch die flache Marsch. Der Ort spiegelt auf unter-

Spaziergang auf dem Trischendamm.

Blick auf Friedrichskoog.

schiedliche Weise deutsche und schleswig-holsteinische Geschichte. Als der Koog 1853/54 eingedeicht wurde, war Schleswig-Holstein noch Teil des dänischen Gesamtstaates und der dänische König zugleich Herzog von Holstein. Benannt wurde der neue Koog deshalb nach **Frederik VII.** (Frederik-VII-Koog). Der benachbarte Kronprinzenkoog, bereits eingedeicht 1785/87, verdankt seinen Namen einem dänischen Thronfolger, der als König Frederik VI. von 1808 bis 1839 regierte. Im Jahr 1904, Schleswig-Holstein war seit 1867 preußisch und seit 1871 Teil des Deutschen Reiches, erreichten die Bewohner in einer Petition, dass der Name ihres Koogs in Friedrichskoog eingedeutscht wurde. Der Name des 540 Hektar großen Kaiserin-Auguste-Viktoria-Koogs auf dem Gemeindegebiet oder die Nachbargemeinde Kaiser-Wilhelm-Koog symbolisieren diesen Abschnitt deutscher Geschichte.

Im Jahr 1935 wurde der **Dieksanderkoog** eingedeicht, damals unter dem Namen „Adolf-Hitler-Koog" als nationalsozialistisches Vorzeigeprojekt geplant für das Ziel, „neuen Lebensraum" zu schaffen. 63 Bauern- und 29 sonstige Siedlungsstellen entstanden bei dem Projekt, das als Modell für die pompösen Pläne der Nationalsozialisten dienen sollte, „das Deutsche Reich flächenmäßig im wahrsten Sinne des Wortes zu vergrößern". Für den Bau des 9,3 Kilometer langen Deiches wurden dabei statt Maschinen bis zu 1700 Arbeiter mit Kleispaten und Schaufeln eingesetzt.

Sehenswert

Historischer Lernort Neulandhalle

Einst stand auf der vier Meter hohen Warft des Franzosensands die bescheidene Hütte eines Schäfers, im Jahr 1935 legte der „Führer" persönlich dort den Grundstein für die **Neulandhalle**. Das imposante Gebäude mit architektonischen Anklängen sowohl an den Eiderstedter Haubarg wie auch an Dithmarscher und Nordfriesische Bauernhäuser, war als Zentrum des neuen Koogs gedacht, als Versammlungs- und Schulungsraum der neuen Siedler.

Heute ist das Gelände ein **historischer Lernort** mit einer jederzeit zugänglichen Freiland-Ausstellung, die über nationalsozialistische Propaganda und Volksgemeinschaftsideologie informiert. Ein Thema dabei: Der Zusammenhang von vermeintlich unpolitischen Maßnahmen wie der Landgewinnung mit dem völkisch-rassistischen Gedankengut der Nazis. Die Ausstellung wurde entwickelt und umgesetzt von einer Projektgruppe der Forschungsstelle für regionale Zeitgeschichte und Public History der Europa-Universität Flensburg; Träger ist der Kirchenkreis Dithmarschen.

Das Außengelände ist frei zugänglich, die Halle selbst nach Absprache mit dem Ver-

Heute historischer Lernort: die Neulandhalle.

An der Neulandhalle: Informative Freilandausstellung.

ein Volkshochschulen in Dithmarschen zu besichtigen. Außerdem werden Führungen durch die Ausstellung und die Halle angeboten.
Franzosensand 2,
25718 Friedrichskoog-Dieksanderkoog
www.lernort-neulandhalle.de
www.vhs-dithmarschen.de
www.echt-dithmarschen.de

Entdecken und Erleben

Gut zwei Kilometer lang ragt der **Trischendamm** ins Watt hinein. Er wurde vor fast 90 Jahren errichtet, um einen Damm durch einen Priel zu bauen, der der Küste gefährlich nahegekommen war und auf diese Weise die Strömung abzuleiten. Dabei entstand ein gut begehbarer Weg, der zu Spaziergängen einlädt.

Essen und Trinken

Unter Reet: **Café Küstenperle**
Hafenstraße 112, 25718 Friedrichskoog

Restaurant Deichbär
Koogstraße 142,
25718 Friedrichskoog Spitze

Seaside 26
Buschsand 26,
25718 Friedrichskoog-Spitze

Tourist-Information
Tourismus-Service Friedrichskoog
Koogstraße 141 (Deichpassage)
25718 Nordseeheilbad Friedrichskoog-Spitze

KURZE CHRONIK DER STURMFLUTEN UND DES DEICHBAUS

11. JAHRHUNDERT

Erste Deiche von vielleicht einem bis 1,5 Meter Höhe werden aufgeschüttet. Mit ihrer geringen Höhe können höchstens sommerliche Sturmfluten abhalten. Bereits seit dem 1./2. Jahrhundert n. Chr. bauen die Menschen ihre Häuser auf künstlichen Hügeln, den Wurten (nördlich der Eider Warften genannt). Man schätzt, dass die mittelalterlichen und neuzeitlichen Deiche an der schleswig-holsteinischen Nordseeküste insgesamt eine Länge von 2000 Kilometern erreicht haben.

1164

Die **„Julianenflut"** vom 17. Februar 1164 ist die erste Sturmflut, die nach dem Beginn des Deichbaus bezeugt wird. Im heutigen Niedersachsen entsteht durch die Flut der Jadebusen.

1219

Bei der **„Marcellusflut"** (ebenfalls benannt nach dem Tagesheiligen) am 16. Januar 1219 sollen rund 10.000 Menschen ertrunken sein. Sie wird deshalb auch als erste große „Mandränke" bezeichnet. Am 14. Dezember 1287 folgt die „Luciaflut".

1362

Als zweite **„Mandränke"** geht die Sturmflut vom 16. Januar 1362 in die Geschichte ein, manchmal auch als zweite „Marcellusflut" bezeichnet. Sie verändert die Küstenlinie grundlegend. Von einer bis dahin von Prielen durchzogenen großen Landmasse bleiben nur die Inseln Sylt, Föhr und Amrum, und es bilden sich die Halligen. Chronisten jener Zeit sprechen von 100.000 Toten von der Elbe bis Ribe. Johann Adolfi Köster, genannt Neocorus (ca. 1550–1630), Chronist und Pastor in Büsum, vermutet, dass in Nordfriesland etwa 7 600 Menschen umgekommen sind.

Danach beginnen die ersten Versuche der Landgewinnung und das Bemühen, das Vorland einzudeichen, wenn es durch Sedimentablagerungen langsam wieder angewachsen ist. Der „Schweinedeich", eines der ältesten Büsumer Deichfragmente soll um etwa 1400 entstanden sein.

1436

Bei der **Allerheiligenflut** am 1. November 1436 werden Nordstrand und Eiderstedt überschwemmt. Bei der nächsten Allerheiligenflut am 31. 10. 1532 ertrinken mehrere tausend Menschen. In Büsum brechen zwei Drittel aller Deiche.

1609

Der Gottorfer Herzog Johann Adolf ernennt den Niederländer Jan Claesz Rolwaghen (1563–1624), auf deutsch **Johann Clausen Rollwagen** genannt, zum neuen Generaldeichgrafen. Er setzt sich für flachere Deichprofile ein statt des bis dahin üblichen „Stackdeichs" mit seiner senkrechten Holzkante. Rollwagen ist unter anderem erfolgreich auf Eiderstedt tätig.

1634

Als dritte große **„Mandränke"** geht die „Burchardi"-Flut vom 11. Oktober 1634 in die Annalen ein. Rund 10.000 Menschen ertrinken, und 50.000 Stück Vieh gehen verloren. Allein in Büsum werden 1681 Menschen ein Opfer der Fluten, und mehr als 1300 Stück Vieh ertrinken.

1717

Nach der **Weihnachtsflut** vom 24. Dezember 1717 gleicht die Dithmarscher Marsch der offenen See, das Dorf Werven (Vorläufer von Warwerort) wird fortgespült, 99 Bewohner von Marne verlieren ihr Leben. 1718 und1720 folgen die nächsten Sturmfluten. Dabei werden der Hedwigenkoog und Brunsbüttel besonders betroffen.

Brandung – immer wieder nagt die Nordsee gefährlich an den Küsten.

1800

Der dänische König Christian VII. installiert eine staatliche Deichaufsicht, der 1803 ein „Allgemeines Deichreglement“ folgt.

1824

Bei einer Sturmflut am 3. November brechen bei Delve die Eiderdeiche.

1825

Die **Jahrhundertflut** am 3./4.Februar 1825 richtet auf den Halligen und Inseln schwerste Schäden an. Ein letztes Mal wird auch Büsum überspült, die Flut läuft 3,72 Meter höher auf als das normale Hochwasser. An mehreren Stellen brechen die Deiche, erneut auch an den Eiderufern auf der Dithmarscher Seite. Süderdithmarschen bleibt weitgehend verschont, auch wenn die Deiche in Brunsbüttel stark beschädigt werden.

1953

Nach der **„Hollandsturmflut“** vom 1. Februar 1953 mit mehr als 2400 Toten, allein 1835 in den Niederlanden, und 300.000 Obdachlosen werden an der schleswig-holsteinischen Westküste 280 Kilometer Deiche verstärkt.

1962

Die **„Hamburger“ Sturmflut** vom 16.und 17. Februar 1962, bei der 318 Menschen sterben, sorgt auch nördlich der Hansestadt für schwere Schäden und für neue Rekord-Wasserstände. In Schleswig-Holstein werden rund 10.000 Menschen evakuiert. Unter anderem brechen die Deiche des unbewohnten Dockkoogs vor Husum sowie des Uelvesbüller Koogs auf Eiderstedt. Auf den Halligen werden zahlreiche Häuser zerstört. In Husum wird ein Wasserstand von fünf Metern über NN registriert. **Büsum** entgeht nur knapp einer Katastrophe, in der Folge wird ein Neubau des Hauptdeiches notwendig.

1963

Als Konsequenz aus der Sturmflut von 1962 stellt das Land Schleswig-Holstein seinen ersten **Generalplan Küstenschutz** auf, der seitdem in regelmäßigen Abständen aktualisiert und steigenden Wasserständen angepasst wird. Durch Vordeichungen und Flussabdämmungen, wie zum Beispiel das 1973 eingeweihte Eidersperrwerk, ist die Länge der Landesschutzdeiche an der Westküste seit 1963 um rund 207 Kilometer auf 355 Kilometer verkürzt worden.

Die Deiche erreichen mittlerweile Höhen von acht bis über neun Metern. Bei Deichverstärkungen und -erneuerungen wird dabei ein **„Klimazuschlag“** von 50 Zentimetern eingeplant.

1969

Küstenschutz wird zur nationalen Aufgabe. Der Bund übernimmt 70 Prozent der Investitionskosten von Küstenschutzmaßnahmen. 1971 werden die Landesschutzdeiche, d. h. die erste Deichlinie, verstaatlicht. Die seit Jahrhunderten zuständigen regionalen Deichverbände bleiben verantwortlich für die zweite Deichlinie und die Binnenentwässerung.

1976

Das Hochwasser vom 3. Januar 1976 wird zur neuen **Jahrhundert-Flut** mit noch höheren Pegelständen als bei der Flut von 1962. Dank der Deichverstärkungen kann eine Katastrophe jedoch vermieden werden. In Husum erreicht die Flut 5,66 Meter über NN. Im Dithmarscher Christianskoog, im Kehdinger Land und der Haseldorfer Marsch an der Elbe brechen die Deiche. Schon in der Nacht vom 20. auf den 21. Januar 1976 folgt die nächste Sturmflut. Dabei leidet besonders die Insel Sylt.

1978

Der **Speicherkoog Dithmarschen** in der Meldorfer Bucht wird fertig gestellt. Damit wird die Deichlinie von 30 auf 15 Kilometer verkürzt, vor allem aber kann der Koog das Wasser aus dem Hinterland aufnehmen, wenn es bei Sturmfluten nicht in die Nordsee abfließen kann. Die Planungen für den Bau des weitgehend unter Naturschutz gestellten Koogs begannen nach der Sturmflut von 1962.

1981

Bei der **„November"-Flut** am 24. November 1981 wird der Hindenburgdamm schwer beschädigt; insgesamt verliert die Insel Sylt zwei Millionen Kubikmeter Sand. In Dagebüll wird ein Pegelstand von 4,72 Meter über NN gemessen.

1990

Zwischen dem 26. und 28. Februar 1990 folgen zwei Sturm- und zwei Orkanfluten kurz hintereinander. Dabei werden zum Teil Windgeschwindigkeiten von 162 km/h registriert.

2013

Der Orkan **„Xaver"** sorgt für eine Serie von drei Sturmfluten. Die Insel Sylt erleidet schwere Landverluste. Der Pegelstand in Hamburg-St.Pauli: 6,09 Meter über NN.
2014/15 erfolgt die nächste Deichverstärkung in **Büsum**; der Deich wird um einen halben Meter erhöht.

HEIDE

Das Herz Dithmarschens

Der Marktplatz ist das Zentrum von Heide – ein 4,7 Hektar großer unbebauter Platz mitten in der lebhaften 20.000-Einwohner-Stadt. Er ist nicht nur der größte in Deutschland, über lange Zeit schlug hier auch das politische Herz Dithmarschens. Der Marktplatz ist ein **Kulturdenkmal** von besonderer Bedeutung.

Um 1430 kam es in Dithmarschen zu einer politischen Zerreißprobe. Die acht nördlichen Kirchspiele schickten ihre Abgesandten nicht mehr in die alte „Hauptstadt" Meldorf, sondern man traf sich fortan auf einem Platz **„uppe de Heide"** zwischen Rüsdorf (heute Stadtteil von Heide) und Rickelshof. Und dabei ist es geblieben. Der neue Ort der Landesversammlungen und der Treffen der 48 Regenten lag günstig im Schnittpunkt mehrerer Verkehrswege: Dort stößt die Nord-Süd-Verbindung Dithmarschens am Geestrand auf die einzige Ost-West-Achse. Seit 2001 treffen sich die Diagonalen des Marktplatzes wieder in der Mitte des Platzes beim Kandelaber.

Seit über 500 Jahren findet dort jeden Sonnabend der traditionelle Wochenmarkt statt, daneben ist der Markt Schauplatz für Veranstaltungen, wie zum Beispiel die Dithmarscher Kohltage, das Mittelalterspektakel „Heider Marktfrieden" oder der Weihnachtsmarkt. Die alte **Wasserpumpe** auf dem Markt erinnert an die Zeiten, als dort noch Vieh gehandelt wurde.

Heider Traditionen

Seit dem Mittelalter war Heide zuerst in vier, später in **drei Eggen** unterteilt, das waren Feldgemeinschaften und zugleich Teilgemeinden. Sie regelten alle mit dem gemeinsam erworbenen Land (Meent-Land) zusammenhängende Fragen. Benannt sind sie nach den Himmelsrichtungen: Die Öster-, Süder- und Norderegge bestehen bis heute, während die Westeregge schon seit 1700 nicht mehr existiert. Der **„Dreieggenstein"** vor der Kirche diente den drei Eggengemeinden früher als Grenzstein.

Als Schleswig-Holstein 1867 preußisch geworden war, kam nach 400 Jahren das Ende als selbstständige Gemeinwesen für die Eggen. Die traditionellen Feste **(Hohnbeerfeste)** mit Umzügen durch die Stadt waren aber bereits ab 1841 wiederbelebt

Der Marktplatz: Hier schlug das politische Herz Dithmarschens.

worden. Seitdem werden sie jedes Jahr gegen Ende des Winters gefeiert.

Als Denkmal für die drei Eggen erhielt die Stadt im Jahr 2015 das Symbol vom **Hahnbeermann**. Dargestellt wird er mit Zylinder und „Wittwark" (weißes Hemd, weiße Fliege), in der einen Hand den Hahn, dem bei dem Fest die Freiheit geschenkt wird,

Der St.-Georg-Brunnen.

Der Drei-Eggen-Stein am Markt.

und in der anderen eine Boßelkugel. Gestiftet wurde das Symbol vom „Südereggen-Hahnbeer von 1841", geschaffen hat das Denkmal der Bildhauer Siegfried J. Assmann, der bereits zahlreiche Skulpturen in Heide entworfen hatte.

www.südereggen-hahnbeer.de
www.oestereggen-hohnbeer.de
www.nordereggen-hohnbeer.de

Kirche St. Jürgen

Die Kirche am Markt wurde nach dem Ritter St. Georg (niederdeutsch: St. Jürgen) benannt, sie ist das älteste Gebäude der Stadt und steht auf den Mauern einer noch

St. Jürgen: Künftig Gotteshaus und Kulturkirche.

älteren Vorgänger-Kirche. 1450 wurde sie zunächst als Kapelle erbaut und 1460 zur Kirche erweitert. Hundert Jahre später, im Jahr 1559, ging die Kirche in Folge der Eroberung Heides durch die Truppen Friedrichs II. von Dänemark und der Herzöge von Schleswig-Holstein-Gottorf und Hadersleben in Flammen auf. Schon 1560 wurde sie auf den alten Fundamenten aus Feldsteinen wiederaufgebaut. 1611 entstand der 48 Meter hohe Kirchturm neu, der Südflügel wurde 1694 bis 1696 angefügt und 1717 der Dachreiter aufgesetzt. Die Nordseite des Innenraums zieren 44 Bildtafeln aus dem 16. und 17. Jahrhundert. Beherrscht wird der Kirchenraum vom zweistöckigen Barock-Altar des Hamburger Bildschnitzers Valentin Preuß.

Unter den großen Grabplatten vor der Kirche sticht ein russisch-orthodoxer Grabstein hervor. Er ist dem 1713 verstorbenen Sohn Patrekieff des russischen Fürsten Kusma Grisanoff gewidmet und ist ein Relikt des Nordischen Kriegs und der Anwesenheit Zar Peters des Großen mit seiner Armee in Heide. Das älteste Grabmal ist der sogenannte Sühnestein von 1567, auf dem ein Totschlag dargestellt ist: Einer von zwei bärtigen Männern mit Hut stößt dem anderen einen Dolch in den Hals.

Das Dreetorns-Hus in Heide.

Gegenüber der St. Jürgen-Kirche liegt das Pastorat, 1739 von dem aus Schwaben stammenden Baumeister Johann Georg Schott erbaut, der auch die Kirche von Wesselburen entwarf. Es ist eines der besterhaltenen alten Gebäude in Heide.
Kirche wie auch das Pastorat sind voraussichtlich bis 2023 wegen umfassender Sanierungsarbeiten geschlossen. Dabei soll die Kirche zu einem kulturellen Zentrum werden, in dem sowohl Konzerte wie Gottesdienste möglich sind.
www.kirche-heide.de

Sehenswert

Der **St.-Georg-Brunnen** auf der Südseite des Marktes wurde im Jahr 1989 ebenfalls vom Künstler **Siegfried J. Assmann** entworfen. Gekrönt wird er von der Figur des heiligen **St. Georg**, der den Drachen tötet. Die acht Relieftafeln darunter zeigen wichtige Abschnitte der Heider und der Dithmarscher Geschichte: Die historischen Beziehungen zu Hamburg und die Gründung der Stadt, außerdem eine Versammlungsrunde der 48 Regenten, dann

Das Postelheim war früher das Rathaus der Stadt.

eine alte Landkarte von Dithmarschen, die Schlacht bei Hemmingstedt im Jahr 1500, den Tod des Reformators Heinrich von Zütphen (1524) und die letzte Fehde 1559 bei Heide sowie das Traditionsfest Hohnbeer, auch der niederdeutsche Dichter Klaus Groth darf dabei nicht fehlen.

Das **Dreetorns-Hus,** das „Drei-Türme-Haus" (Süderstraße 2) wurde 1733 als Wohn- und Geschäftshaus von Johann Georg Schott im Barockstil erbaut, es ist das älteste erhaltene Wohnhaus in Heide.

Das alte Pastorat von 1739.

Nach einem finnischen Entwurf ist das moderne Kreishaus entstanden.

Seinen Namen erhielt es durch die drei Fialen (Türmchen) am Zwerchgiebel.

Das auffällige **Postelheim** (Markt 29) wurde im Stil der italienischen Neorenaissance erbaut. Eine Tafel am Eingang weist heute auf seine frühere Besitzerin Wilhelmine Sophie Postel (1844 bis 1933) hin, die das Haus der Stadt Heide vermachte. Zeitweise wurde es als Rathaus genutzt. Heute ist hier die Volkshochschule der Stadt untergebracht.

„Mit der Macht der großen, aus geometrischen Grundfiguren entwickelten Form bricht der weiße Solitär radikal mit den Strukturen der kleinteiligen Wohnbebauung am Rande der Stadt", so beschreibt ein Architekturführer das markante **Kreishaus**. Der finnische Architekt **Into Pyykkö** legte für das 1974 geplante Gebäude vier halbkreisförmige Bürotrakte um einen Versorgungskern.

Straßen und Plätze erzählen Geschichte

Wulf Isebrand ist in Dithmarschen ein Volksheld. Er trug während der Schlacht von Hemmingstedt maßgeblich zum Dithmarscher Sieg bei. Gute 400 Jahre später benannte Heide im Jahr 1926 den Wulf-Isebrand-Platz nach seinem Helden.

Im Jahr 1845 war die Handwerkszunft der Schuster mit 158 selbständigen Schuhmachern und 166 Gesellen die größte Berufsgruppe der Stadt, die damals etwa 5.400 Einwohner hatte. Und der **Schuhmacherort** war die Handwerkerstraße, in der vor allem die Schuhmacher und Gerber ihr Handwerk betrieben. In Erinnerung daran wurde das Denkmal des Schusterjungen am Eingang des Restaurant- und Barviertels **„Schuhmacherort"** im Jahre 1984 von Siegfried J. Assmann erschaffen.

Schusterjungen-Denkmal am Schuhmacherort.

Und dann sind da noch die **„Himmelreichstraße"** und die **„Hölle"**: Angeblich war das Himmelreich zuerst da, doch weil ein Himmel nicht ohne Hölle denkbar sei, heftete später ein Maurer mit einem ganz eigenen Sinn für Humor das Schild „Hölle" an zwei Häuser in der Nachbarschaft, jedenfalls der Sage nach. Der Name bürgerte sich ein, so dass daraus ein offizieller Straßenname wurde.

Der Wasserturm ist das Wahrzeichen

Am Ende einer Park-Anlage (Österweide) mit einem Wasserbecken steht Heides Wahrzeichen, der markante, 45,7 Meter hohe Wasserturm, entworfen vom Architekten Wilhelm Voigt. Über einem Sockel aus Granitquadern erhebt sich das 1903 erstellte Klinker-Bauwerk. Gekrönt wird es von einer kupferbeschlagenen Haube mit einer Laterne. Das Bauwerk wurde nach einer Typhusepidemie erbaut, um die unhygienische Wasserversorgung aus Brunnen abzuschaffen. Erst im Jahr 1990 wurde der Wasserturm stillgelegt und 2003/2004 grundlegend saniert. Im Turm befindet sich eines der Trauzimmer der Stadt Heide.

1903 wurde der Wasserturm errichtet.

Teil der Museumsinsel Lüttenheid.

Die Museumsinsel Lüttenheid

Ein Ensemble sorgfältig restaurierter alter Gebäude, darunter eine ehemalige Schmiede und ein alter Pferdestall, bilden die Museumsinsel Lüttenheid („Klein-Heide“) im früheren Handwerker-Viertel der Stadt. Sie bieten Raum für Sonderausstellungen und Veranstaltungen, erzählen aber auch von **Entstehung und Entwicklung** Heides sowie der Zeit der **Dithmarscher Bauernrepublik,** die 1559 mit der Eroberung und Niederbrennung der Stadt endete. Im sogenannten Stade-Haus sind Ausstellungen dem aus Heide in die USA ausgewanderten Comic-Pionier Rudolph Dirks (1877–1968) und seinen „Katzenjammer Kids“ gewidmet sowie dem Maler Nicolaus Bachmann (1865–1962).

Der **„Alte Pferdestall“** mit einer Stellmacherei, einer Tischlerei und einer Schuhmacherwerkstatt erinnert an alte Handwerkstechniken..

Klaus-Groth-Museum

Das in das Museums-Ensemble integrierte eingeschossige Gebäude ist das **Geburtshaus des Dichters** (1819–1899), in dem er seine Kindheit und Jugend verbrachte und auch während seiner Zeit als Lehrer in Heide (1841–1847) wohnte. Sein Großvater ließ das langgestreckte, eingeschossige Giebelhaus im Jahr 1796 errichten. Das Geburtszimmer wurde nach Zeichnungen des Malers Otto Speckter von 1853 rekons-

Geburtshaus von Klaus Groth.

truiert. Die Einrichtungsgegenstände stifteten Heider Familien und Einrichtungen.
www.museumsinsel.heide.de

Brahmshaus

Das Haus Lüttenheid 34 ist das **Brahmshaus**, es erinnert an den Komponisten Johannes Brahms (1833–1897), dessen Vater aus Heide stammte. Das Gebäude stammt aus dem 19. Jahrhundert und wurde 1990 restauriert. Heute ist es Sitz der Brahms-Gesellschaft, es werden dort Ausstellungen und Konzerte veranstaltet.

Brahms-Haus.

Konzert- und Ballhaus Tivoli

Das imposante Konzert- und Ballhaus wurde 1865 bis1866 von H. F. Blunck erbaut und nach einem Brand 1891 neu errichtet. 1980 wurde der große Saal mit bogenförmiger Empore auf gusseisernen Stützen in den Originalfarben der Jahrhundertwende restauriert und unter Denkmalschutz gestellt. Dort fanden nicht nur Konzerte und Theateraufführungen statt, sondern an drei aufeinanderfolgenden Wochenenden auch die großen Hahnebier-Feste mit Prunksitzungen und abendlichen Bällen. Nach einem Besitzerwechsel im Jahre 2021 ist die Zukunft des Hauses ungewiss.
Turnstraße 2, 25746 Heide
www.tivoli-heide.de

Denkmal für einen Reformator

Im Zentrum des Nordfriedhofs steht das **Zütphen-Denkmal**, das **Heinrich von Zütphen** gewidmet ist. Eine breite Lindenallee führt zu dem Granit-Obelisken. Heinrich von Zütphen war ein niederländischer Mönch, der sich der Reformation anschloss und mit Martin Luther anfreundete. Er brach 1524 von Bremen nach Meldorf auf, um dort zu predigen. Dies war jedoch nicht im Sinne des Dominikanerpriors Augusti-

Denkmal für Heinrich von Zütphen.

nus Tomborch. Heinrich von Zütphen wurde überfallen, nach Heide gebracht und als Ketzer zum Tode verurteilt.

Entdecken und Erleben

Am Stadtrand, direkt an das Landschafts-schutz-Gebiet Ostroher-/Süderholmer Moor angrenzend, liegt der Heider Stadtpark mit einer Minigolf-Anlage, einem Spielplatz für Kinder und dem **Schwimmbad**, der „Dithmarscher Wasserwelt", gleich nebenan in der Landvogt-Johannsen-Straße.

Essen und Trinken

Direkt am Marktplatz: **Marktpirat**
Mark 25, 25746 Heide
www.marktpirat.de

Neben Heides Wahrzeichen:
Restaurant am Wasserturm
Brahmsstraße 1–3, 25746 Heide
www.am-wasserturm-heide.de

Tourist-Information
Markt 37, 25746 Heide
www.heide-nordsee.de
www.echt-dithmarschen.de

UMGEBUNG

HEMMINGSTEDT

Geschichte und Industrie

Das Schwimmbad der 3000-Einwohner-Gemeinde auf halbem Weg zwischen Heide und Meldorf ist mit 28 bis 30 Grad das garantiert wärmste in Schleswig-Holstein – geschätzt nicht nur bei Einheimischen, sondern auch bei Urlaubern. Das angenehme Bade-Gefühl verdanken die Hemmingstedter der **Raffinerie**, deren Schlote und Schornsteine – zumindest von der B5 aus betrachtet – das Ortsbild bestimmen.

In der Dithmarscher Geschichte steht der Name Hemmingstedt für die Schlacht vom

Die Öl-Raffinerie Hemmingstedt.

Denkmal auf der Dusenddüwelswarf.

17. Februar des Jahres 1500. Das genau 400 Jahre danach errichtete Denkmal auf der **„Dusenddüwelswarf"** steht südlich von Hemmingstedt, genauer gesagt: auf dem Boden der Gemeinde Epenwöhrden. Wenige Schritte entfernt vom Denkmal befindet sich ein Informationspavillon mit einem eindrucksvollen Diorama der Schlacht, das die ausweglose Lage des Invasionsheeres deutlich schildert (Siehe auch Extra: Dithmarscher Stolz und Freiheitsdrang).

Im Jahr 1856 wurde zum ersten Mal ölhaltiger Sand gefunden, später wurde Hemmingstedt zum drittgrößten Erdölfeld Deutschlands. Seit 1925 wird das Öl in der dortigen Raffinerie verarbeitet, inzwischen ist es allerdings meist importierte Ware, die von Brunsbüttel aus über eine Pipeline nach Norden fließt. Durch eine Pipeline plätschert übrigens auch seit fast 50 Jahren das das warme Wasser für das Schwimmbad.

Abseits der Bundesstraße hat sich Hemmingstedt seinen dörflichen Charakter bewahrt. Eine kleine Kate aus dem 16. Jahrhundert, die restaurierte **Windmühle „Margaretha"** von 1858 und vor allem die im Kern noch **gotische Feldsteinkirche** (um 1300) zählen zu den historischen Sehenswürdigkeiten der Gemeinde.

www.heiderefinery.com

Die Kirche

Die Kanzel aus dem Jahr 1560 zählt zu den ältesten in Dithmarschen. Der Renaissance-Altar mit einer Darstellung der Kreuzigung ist in der Art eines gotischen Flügelaltars gestaltet. Zum Teil erhalten sind außerdem Gestühlswangen mit Namen und Wappen der Zeit um 1579/80.

www.kirche-hemmingstedt.de

www.kirchenschätze.de

NORDHASTEDT

Das Fest der tapferen Frauen

Mit dem **„Fruunsbeer"** feiern die Nordhastedter alle drei Jahre ihre mutigen Frauen. Den Ursprung des Nordhastedter Frauenfestes bildet eine Sage, die vermutlich aus der Zeit des Dreißigjährigen Kriegs (1618–1648) stammt. Damals war das Dorf noch von undurchdringlichen Wäldern umgeben, die von Räubern als Versteck genutzt wurden. Bei einem Überfall stellten sich die Frauen tapfer und unerschrocken den Männern entgegen und schlugen sie mit

vermutlich heißen Breitöpfen, Wasserkrügen und allem, was es sonst an Waffen im Haushalt gab, in die Flucht.
Das Fruunsbeer beginnt deshalb mit einer **Freilichtaufführung**, bei der das Scharmützel nachgestellt wird, anschließend werden die besiegten Übeltäter im **Festumzug** durch den Ort geführt. Beim abendlichen Fest schwebt an der Decke des Saals ein großer Pantoffel.
Auch das Wappen des Ortes auf halbem Weg zwischen Heide und Albersdorf würdigt die bis heute am Leben erhaltene Sagengeschichte: Eine Frauenfigur in Altdithmarscher Tracht und mit gefällter Hellebarde wurde zum alleinigen Motiv erhoben.

Die Kirche

Um 1320 wurde Nordhastedt zum eigenständigen Kirchspiel, aus jener Zeit stammt auch der schlichte Feldstein- und Ziegelbau der Kirche. Die Holzbalkendecke in ihrem Inneren trägt noch die Jahreszahlen 1598 und 1638. Der Altar stammt wohl aus dem 16. Jahrhundert, die Kanzel im Knorpelbarock von 1648, sie ist eine Arbeit des Bildhauers Jürgen Heidtmann. Barock ist auch die ausladende Taufe.

Entdecken und Erleben

Nordhastedt ist von zwei reizvollen Naturgebieten umgeben. Ein Rundweg führt um das 255 Hektar große Naturschutzgebiet **Fieler Moor** herum. Es ist ein Nieder- und

Denkmal für die Frauen von Nordhastedt.

Fünffingerlinde im Riesewohld.

Übergangsmoor mit vielen Gewässern, darunter auch Seen, die ursprünglich beim Bau der Autobahn 23 entstanden. Die Bedeutung des Schutzgebietes liegt in der Vielfalt und dem engen Nebeneinander unterschiedlicher Lebensräume: sich regenerierende Moorstandorte, Bruchwälder, Grünlandbrachen und Gewässer, die für Wiesen- und Wasservögel wichtig sind.

Südlich von Nordhastedt liegt der **Riesewohld**, ein 700 Hektar großes urwaldähnliches Gehölz, das zum Teil unter Naturschutz steht. Durch Dithmarschens größtes zusammenhängendes Waldgebiet mit dem Naturdenkmal „Fünffingerlinde" führen Wanderwege und Lehrpfade.

WEDDINGSTEDT

Schutz gegen Wikinger

Das an Heide angrenzende **Weddingstedt** gehört zu den **vier ältesten Kirchspielen Dithmarschens**, die wohl schon um 1070 existierten. Sie wurden zu Keimzellen der späteren Gerichts- und Verwaltungszentren Dithmarschens.

Nur wenige Erdwälle erinnern an eine der wichtigsten Verteidigungsanlagen noch aus der Zeit vor der Eroberung Dithmarschens durch Karl den Großen. Zwischen dem 8. und dem 10. Jahrhundert sollte die **Stellerburg** (im Westen von Weddingstedt) dem Schutz vor unerbetenen Eindringlingen wie zum Beispiel den Wikingern dienen. Die Erdwälle der Burg, verstärkt durch Holzpalisaden, wurden an einer strategisch günstigen Stelle aufgeschüttet: Die feuchte Marsch im Westen und Moore im Osten machten ein Umgehen der Burg unmöglich, sie kontrollierte den Weg von der Eidermündung zur Dithmarscher Geest. Bei Ausgrabungen in den 1930er Jahren wurden Reste eines Bohlenwegs entdeckt und Grundrisse von etwa 20 Häusern. Vermutlich wurde die Anlage aber nur zeitweilig als Fluchtburg genutzt. Sie ist die nördlichste Ringwallanlage des sächsischen Typs in Dithmarschen. Die **Bökelnburg** in Burg sowie die Westburg bei **Kuden** und eine weitere Festungsanlage, die bei Meldorf vermutet wird, gehörten ebenfalls zum Ring der Verteidigungsanlagen jener Zeit.

Stellerburg
Am Wasserwerk, 2595 Weddingstedt

Die Kirche

Ursprünglich aus dem 12. Jahrhundert stammt die **St.-Andreas-Kirche**, doch während der „letzten Fehde" im Jahr 1559 brannte sie weitgehend nieder und mit ihr die Dithmarscher Landeschronik, die in der Kirche untergebracht war. An der Südwand des heutigen Baus (um 1600) sind noch die Reste eines romanischen Fensters und eines romanischen Rundbogenfrieses zu erkennen, bei der ringförmigen Feldsteinwand an der Westseite der Kirche handelt es sich um den Stumpf des alten Turmes.

Im hölzernen Glockenturm von 1616 hängt die älteste Glocke Dithmarschens, sie stammt aus dem 13. Jahrhundert.

Die **Mühle Aurora** wird heute gerne als Hochzeitsmühle genutzt. Seit 1986 steht der zweistöckige Galerieholländer unter Denkmalschutz, erbaut wurde er 1880 aus dem Abbruchmaterial einer Vorgänger-Mühle, bis 1975 wurde dort noch Korn gemahlen.

Entdecken und Erleben

Ein zehn Kilometer langer **Wanderweg** rund um Weddingstedt führt an den Sehenwürdigkeiten des Ortes vorbei, darunter unter anderem an der ca. 5000 Jahre alten Grabkammer „Steenoben" aus Findlingsblöcken, Start und Ziel am Parkplatz Dorfplatz.

Die letzte ihrer Art

Die **„Vogelstange"** mitten auf dem von Eichen gesäumten Dorfplatz bildet das Zentrum von **Süderheistedt**. Sie ist die letzte Vogelstange Dithmarschens und diente der seit 1621 nachgewiesenen und bis heute bestehenden **Papagoyengilde** zum Befestigen des Schützenvogels. Ursprünglich fanden überall in Dithmarschen solche jährlichen Schießübungen auf den hölzernen Vogel zur Erhaltung der Wehrtüchtigkeit statt. In der Neuzeit verloren die Schützengilden an Bedeutung, überlebten oftmals aber als unterhaltsame Dorftraditionen.

Aus Sicherheitsgründen wird jedoch der zu jedem Schützenfest neu angefertigte hölzerne Vogel heute außerhalb des Dorfes aufgestellt. Als Hauptpreis wird dem jeweiligen Schützenkönig ein 1621 gestifteter Papagei aus Silber überrreicht, der ursprünglich an einer Kette um den Hals getragen wurde.

Ein Museum für Zweiräder

Seit mehr als 40 Jahren sammelt der gelernte Schlosser und ehemalige Bauer Walter Thede deutsche **Zweiräder**. Mehr als 200 Motorräder, das älteste aus dem Jahr 1910, und rund 40 Fahrräder aus der Zeit seit 1870 stehen heute im ehemaligen Stall seines Bauernhofs in **Ostrohe** – jedes Sammlerstück mit seiner eigenen spannenden Geschichte und alle von Thede restauriert und gepflegt. Die **private Zweiradsammlung** ist bei geführten Touren unter telefonischer Voranmeldung (0481-87242; 04836-256; 0175-4953198) zu erleben.
Kringelkrug 14, 25746 Ostrohe

Alte Motorräder im Zweiradmuseum.

KLAUS GROTH
PLATTDEUTSCH ALS LITERATURSPRACHE

„Ik wull, wi weern noch kleen, Jehann, do weer de Welt so grot!" Die melancholische Erinnerung an eine unbeschwerte Kindheit zusammen mit seinem Bruder Johann wurde zu einem der bekanntesten Gedichte von Klaus Groth. „Ich wollt', wir wär'n noch klein, da war die Welt so groß", am Ende ist der Dichter jedoch allein und voller Trauer: „Doch allens, wat ik finn, Jehann, dat is – ik sta und ween." („Doch alles, was ich finden kann, Johann, ich stehe da und weine.")

Auch mehr als 150 Jahre nach dem ersten Erscheinen des Textes in Groths überaus erfolgreicher Gedichtsammlung „Quickborn" berühren diese Worte die Leser. Der frühere Bundeskanzler Helmut Schmidt (1918 – 2016) wünschte sich ausdrücklich dieses Gedicht für seine eigene Beisetzung. Sein Großvater habe es ihm immer wieder vorgetragen, sagte er einmal. Und so erklang bei der Trauerfeier für den Hamburger Ehrenbürger und ehemaligen Regierungschef (1974–1982) am 23. November 2016 eine vertonte Version von „Min Jehann".

Der 1819 in Heide geborene Klaus Groth gilt als der vielleicht wichtigste Begründer der neueren niederdeutschen Literatur. Er zeigte, dass Plattdeutsch mehr ist als nur die Alltagssprache der kleinen Leute, sein Werk machte das Niederdeutsche wieder zur Literatursprache. Er habe „die Ehre der plattdeutschen Mundart" gerettet, schrieb er selber im Vorwort zu seiner Gedichtsammlung.

Doch manchmal ist das Poetische auch politisch. Die erste Auflage von Groths „Quickborn" erschien 1852 mitten in der sich zuspitzenden Auseinandersetzung zwischen Schleswig-Holstein und Dänemark um Sprache und nationale Zugehörigkeit. Als überzeugter Schleswig-Holsteiner trat Groth für eine weitgehende Eigenständigkeit der beiden Herzogtümer Schleswig und Holstein ein, versöhnte sich dann aber rasch mit der Zugehörigkeit zu Preußen. Für das Bürgertum in Deutschland war Groths Werk der Beweis, dass Holstein und damit auch das Herzugtum Schleswig („up ewig ungedeelt") zu Deutschland und nicht zu Dänemark gehörten.

Klaus Groths Vater war Müller und betrieb eine kleine Landwirtschaft. „Es herrschte eine gewisse Wohlhabenheit und gänzliche Unabhängigkeit bei uns. Wir hatten Überfluss am schönsten Mehl, Milch, Butter, Fleisch und Gemüse und lebten fröhlich dabei," schrieb er später. Wichtig für ihn war sein „Obbe", sein Opa: „Großvater lehrte mich lesen, schreiben, rechnen, so früh, dass ich die Anfänge nicht erinnere. Großvater erzählte mir beim Heuen oder beim Torf von Odysseus, Homer, Sokrates, Alexander, von Napoleon, von den Kämpfen der alten Dithmarscher, deren Schlachtfelder wir rund um uns sahen."

Um den kleinen Klaus aufs Gymnasium zu schicken, reicht das Geld dennoch nicht. Immerhin fängt Groth als Schreiber beim Kirchspielvogt Dührssen an, mit 19 Jahren schafft er es im Jahr 1838 aufs Lehrerseminar in Tondern (heute Tønder). Lehrer an der Mädchenschule in Heide, Krankheit und lange Genesungszeit auf Fehmarn sind die nächsten Stationen seines Lebenswegs. Im Jahr 1853 zieht Klaus Groth nach Kiel, das bis zu seinem Tod im Jahr 1899 seine neue Heimat wird. Es folgen Jahre einer engen Zusammenarbeit mit dem Germanisten Karl Müllenhof (1818–1884) aus Marne und eigene Vorlesungen an der Kieler Universität, auch wenn eine Professur mangels entsprechender Voraussetzungen lange unerreichbar bleibt. Erst 1866 erhält er vom österreichischen Statthalter in Schleswig-Holstein Ludwig von Gablenz den begehrten Professoren-Titel. Nach seiner Heirat mit der zwölf Jahre jüngeren Doris Finke im Jahr 1859 wird das gemeinsame Haus am Schwanenweg in Kiel zu seinem Lebensmittelpunkt.

Zu den Gästen dort gehören unter anderem Theodor Storm und Johannes Brahms, der eine Reihe von Klaus Groths hochdeutschen Gedichten vertont.

Klaus Groth.

Den Dichter aus Heide und den 1833 in Hamburg geborenen Komponisten verbindet eine enge Freundschaft. Auch Brahms hat Beziehungen nach Heide: Sein Vater Johann Jakob war 1825 als Stadtmusikus von Lüttenheid in die Hansestadt aufgebrochen. Die Großväter Brahms und Groth wohnten in derselben Häuserreihe „Lüttenheid".

1870 erscheinen der zweite Teil von „Quickborn" und 1876 die Erzählung „Ut min Jungsparadies", mit einer Schilderung von Tellingstedt, dem Geburtsort seiner Mutter und Wohnort von drei seiner Onkel. Diese Geschichte des Erwachsenwerdens gilt bis heute als Meisterwerk realistischer Milieuschilderung. Nur zwei Jahre später stirbt Groths Frau Doris an Lungentuberkulose.

Groth bleibt allein, am Ende seines Lebens mit Ehrungen überhäuft. Zu seinem 70. Geburtstag 1889 wird er jeweils vom Kaiser und der Kaiserin empfangen, zu seinem 80. Geburtstag im Jahr 1899 erhält er wenige Wochen vor seinem Tod die Ehrenbürgerschaft von Heide und von Kiel. Groths Grab auf dem Kieler Südfriedhof ist bis heute erhalten.

Sein Werk und die Auseinandersetzung mit der niederdeutschen Sprache sind Themen der 1949 in Heide gegründeten Klaus-Groth-Gesellschaft.

www.groth-gesellschaft.de

DITHMARSCHEN VON A BIS Z

A – Austernfischer

Sein lautes „kiewip", der rote Schnabel, rote Beine und rote Augen machen den Austernfischer unverwechselbar. Anders als sein Name vermuten lässt, ernährt er sich jedoch nicht von Austern, sondern von Ringelwürmern, Muscheln oder Krebsen. Vor den Küsten kann man ihn das ganze Jahr über beobachten.

B – Berge

Nein, Berge gibt es nicht an der Nordseeküste, höchstens Hügel. Dennoch hat auch Dithmarschen „seine" **Schweiz**: die hügelige Landschaft südlich von Welmbüttel, sie ist ein Relikt der vorletzten Eiszeit (endete vor 115.000 Jahren). In der Gemeinde Schrum erreicht die **Karghöde** immerhin die stolze Höhe von 78,5 Metern – Dithmarschens höchster Berg.

D – Donn

Als sich nach der letzten Eiszeit der Anstieg des Meeresspiegels wieder verlangsamte, lagerten sich vor etwa 4500 Jahren an der Küste Strandwälle und Nehrungen ab, die zu Dünen, den heutigen Donns, anwuchsen. Davor setzte sich im Laufe der Zeit neues Land ab und wurde eingedeicht, so dass die Donns jetzt kilometerweit von der Küste entfernt liegen.

E – Eider

188 Kilometer lang war Schleswig-Holsteins größter Fluss ursprünglich, nach den Regulierungen und Veränderungen der Vergangenheit sind es nur noch 108 Kilometer.

Die Eider gilt als Schicksalsstrom des Landes. Sie war Nordgrenze des Heiligen Römischen Reiches und trennte das Herzogtum Schleswig als dänisches Lehen vom Herzogtum Holstein als Teil des römisch-deutschen Kaiserreichs. Den Dithmarschern bot die Eider lange Zeit Schutz vor allen Eroberungsversuchen.

Entwässerungen, Deichbau und Absperrungen sorgten in den vergangenen 400 Jahren für tiefgreifende Veränderungen, zuletzt als größte Maßnahme das Sperrwerk von 1973 in der Eidermündung. Zusammen mit ihren Nebenflüssen umfasst die Eider ein Einzugsgebiet von fast 3300 Quadratkilometern. Das Quellgebiet liegt im Kreis Plön östlich von Bordesholm. Der Nord-Ostsee-Kanal nutzt zum Teil das Flussbett wie auch bereits der 1784 eröffnete Schleswig-Holsteinische Kanal, später Eiderkanal genannt.

F – Feuerquallen

Sie sind lästig, aber in unseren Breiten eher harmlos: die Quallen. Nur die **Blauen** und **Gelben Nesselquallen** zählen zu den Feuerquallen, die Berührung der Tentakel kann empfindliches Brennen auf der Haut verursachen. Insgesamt sind 2500 Arten der zu 98 bis 99 Prozent aus Wasser bestehenden Nesseltiere bekannt, sie zählen zu den ältesten Lebewesen der Erdgeschichte. Quallen ernähren sich überwiegend von Plankton, größere Arten auch von kleinen Fischen und Krebsen. Umgekehrt stehen sie auf dem Speiseplan einiger Fische. Forscher versuchen herauszufinden, ob getrocknete

Quallen auch für die menschliche Ernährung zu nutzen sind.

G – Geest

Eiszeiten und die Sand- und Geröllmassen, die die Gletscher vor sich herschoben, formten in der Mitte Schleswig-Holsteins ein **Hügelland** mit meist weniger fruchtbaren Böden, Geest genannt. Im Niederdeutschen existiert das Wort „güst" für trocken, und im Altfriesischen heißt es „gest".

H – Hanse

Die Hansestädte, in erster Linie **Hamburg**, waren die wichtigsten Handelspartner für den Getreideexport aus Dithmarschen. Gern wären die Dithmarscher selber Mitglied des Städtebunds geworden, mussten sich aber mit Handelsverträgen begnügen. Doch während die Norderdithmarscher Abkommen mit Hamburg schlossen, überfielen die Süderdithmarscher zeitweilig in bester Piraten-Manier die Hamburger Schiffe. Dieser Konflikt soll zur Verlegung der Landesversammlung von Meldorf in das spätere Heide geführt haben.
Als Ost-West-Verbindung **über Land** führte die **„Lübsche Trade"** von Meldorf über die Zollstelle Hanerau und Neumünster nach Lübeck.

I – Isebrand, Wulf

Wulf Isebrand ist in Dithmarschen bis heute unvergessen. In der Nacht vor der

Schlacht von **Hemmingstedt** am 17. Februar 1500 gegen den dänischen König und seine Söldnertruppen hatte Isebrand für den Bau einer Wegsperre (Schanze) gesorgt. Auch hatte er während der Schlacht maßgeblichen Anteil am Dithmarscher Sieg. Er stammte vermutlich aus Holland, wurde zwischen 1465 und 1480 geboren und verstarb laut Chronik des Landes Dithmarschen im Jahr 1506.

K – Klev

Als nach dem Ende der letzten Eiszeit der Meeresspiegel anstieg, erreichte die Nordsee vor 6500 Jahren die steil abfallenden Ränder der Geest. Die Klevs, die Kliffs, bildeten damals die Küste Dithmarschens. Als

Erosionskante der höhergelegenen Moränenlandschaft der Geest waren sie vermutlich mit der Saale-Eiszeit vor rund 150.000 Jahren entstanden.

K – Klootstock

Drei bis vier Meter lang ist ein Klootstock. Seinen Namen verdankt er der Verdickung am unteren Ende: Der Klumpen oder **„Kloot"** soll das Einsinken in den Graben verhindern. In Dithmarschen, aber auch auf Eiderstedt, war der Klootstock früher ein wichtiges Fortbewegungsmittel. Als es nur wenige befestigte Straßen gab, mussten sich die Menschen mit den langen Stöcken über die Gräben schwingen. Heute ist Klootstockspringen Sport und Freizeitvergnügen.

L – Lahnung

Die Pfahlreihen mit eingeflochtenem Buschwerk stehen am Anfang der Landgewinnung. Heute dienen diese Lahnungen genannten Buhnenfelder vor den Deichen

meist nur noch der Vorlandpflege und -sicherung. Sie sind zur See hin offen, so dass die Flut einströmen kann. Dabei setzen sich zwischen den Pfahlreihen jeweils Schlickpartikel und Sedimente ab, und dabei wächst der Wattboden langsam höher.

M – Marsch

Ohne Watt keine Marsch: Die Sedimente, die die Flut mitbringt, wachsen im Lauf der Zeit erst zu Schwemmland und dann zu Salzwiesen an, die oberhalb des Mittleren Tidehochwassers liegen – nicht zuletzt dank der Lahnungen. Frühe Seemarschen in Dithmarschen entstanden vor etwa 2500 Jahren, zeitweilig besiedelt waren sie bereits im ersten Jahrhundert unserer Zeitrechnung, wie Ausgrabungen zum Beispiel bei Süderbusenwurth (ursprünglich wohl die „Wurt des Boso") ergaben.

Moor

Nach dem Ende der letzten Eiszeit vor rund 12.000 Jahren breiteten sich die ersten Moore da aus, wo Grundwasser oder fließendes Wasser im Überfluss vorhanden waren. Weil sich dort die abgestorbenen Teile von Pflanzen nicht in Humus verwandeln konnten, wuchs durch Versumpfung und Verlandung schließlich Torf, ursprünglich wasserreiche Niedermoore wurden zu Hochmooren. Bemühte man sich früher, Moore zu kultivieren und den Torf als billiges Heizmaterial abzubauen, hat man inzwischen die Fähigkeit intakter Moore als CO^2-Speicher erkannt; sie sind sechsmal so effektiv wie Wälder. Zu den 20 **„Klimamoor-Projekten"** des Landes Schleswig-Holstein zählen in Dithmarschen das **Dellstedter Birkwildmoor** und das ehemalige **Offenbütteler Hochmoor**.
www.stiftungsland.de

N – NormalNull

Vor etwa 300 Jahren legte der Magistrat der Stadt Amsterdam den Pegel der mittleren Hochwasserlinie der Zuiderzee als **„Normaal Amsterdams Peil"** fest. Er wurde zur Grundlage der Höhenvermessungen und Bezugspunkt in vielen angren-

zenden Ländern. In Deutschland liegt der Normalnullpunkt als theoretischer Punkt genau 37 Meter unter dem 1879 an der früheren Neuen Berliner Sternwarte eingerichteten Normalhöhenpunkt. Seitdem wurde das System präzisiert und heißt nun eigentlich „Normalhöhennull". **„Nullpunkt"** ist aber immer noch der Pegel in Amsterdam.
Nicht zu verwechseln ist Normalnull mit dem **Seekartennull**. Seit dem Jahr 2005 gilt in allen europäischen Nordsee-Anrainerstaaten ein einheitliches Seekartennull (SKN), das als jeweils „niedrigst möglicher Gezeitenwasserstand" („lowest astronomical tide", LAT) berechnet wird.

O – Ochsenweg

Vermutlich bereits in der Bronzezeit (1700 – 500 v. Chr.) war der Ochsenweg eine wichtige Verbindung zwischen Nord- und Mitteleuropa. Er war die Lebensader der jütischen Halbinsel, bei der viele Wegspuren nebeneinander herliefen. War eine ausgetreten, suchten sich Ochsentreiber, Händler, Pilger, Handwerker oder auch Landsknechte eine neue. Vermutlich 30 000 bis 50 000 Ochsen wurden im 16. Jahrhundert jedes Jahr nach Süden getrieben. Das änderte sich erst mit dem Eisenbahnbau im 19. Jahrhundert.
Zur Westküste existierte ein Ableger, **Husum** und **Dithmarschen** waren dabei wichtige Zwischenstationen. Während des Sommers mussten die nach dem langen Weg von Nordjütland abgemagerten Ochsen auf den saftigen Weiden der Marsch vor dem Weiterverkauf gemästet werden. An der **Stellerburg** und an **Heide** vorbei führte der Ochsenweg über die **Fallohfurt** bei Albersdorf weiter zur Zollstelle bei Hanerau und nach Itzehoe.
Heute erfreut sich der Ochsenweg als **Fernradweg** großer Beliebtheit. In Wedel an der Elbe – dort befand sich einst eine Fährstelle – endete der westliche Ochsenweg. Dort endet oder startet auch der moderne Fernradweg.
www.sh-tourismus.de

P – Plattdeutsch

Plattdeutsch ist kein Dialekt, sondern eine eigene Sprache, in der sich zum Beispiel auch die Hansekaufleute verständigten. **Niederdeutsch** verhält sich zu Hochdeutsch in etwa so wie Niederländisch zu Deutsch. Auch im Plattdeutschen gibt es viele verschiedene Dialekte. Ji, I, Jüm – allein das Personalpronomen „Ihr" variiert von Region zu Region.

Q – Queller

Die dicken Stengel des Queller sind die ersten Pflanzen, die im Watt gedeihen können. Die einjährigen Pflanzen sind die Pioniere in den Verlandungszonen und damit ein natürlicher Küstenschützer, weil sie einen hohen Salzgehalt des Wassers ertragen können. Im Herbst färbt sich der Queller erst rot und stirbt dann ab; die Flut trägt die Samen weiter.

R – Reet

Über viele Jahrhunderte prägte der Baustoff aus der Natur die Dörfer Schleswig-Holsteins. Im Winter wurde das Schilf – niederdeutsch: Reet – geerntet und sorgte die nächsten 30 bis 50 Jahre auf dem Dach für ein warmes Haus im Winter und angenehme Kühlung im Sommer. Doch ein Haus mit Reet zu decken, ist eine aufwendige Arbeit, und auch die Feuerversicherung ist um ein Vielfaches höher als bei einem normalen „Hartdach", so dass das traditionelle „Weichdach" seltener wurde. Förderprogramme sorgten oftmals für eine Renaissance des Bio-Baustoffs, so dass die Spezialisten unter den Dachdeckern weiterhin gefragt sind. Zwar wird das meiste Reet heute importiert, doch in Dithmarschen wird an einigen Seen noch Schilf geerntet. Geschah dies früher bei Frost mit Sense und Sichel, sind jetzt Maschinen im Einsatz.

S – Siel und Schöpfwerk

Ein **Siel** ist ein Bauwerk mit einem Wasserdurchlass, der durch eine hängende Klappe verschlossen ist, zum Beispiel am Ende eines großen Grabens. So kann bei Ebbe das Wasser ablaufen, bei höherem Wasserstand dagegen schließt sich die Klappe automatisch. Liegt das Binnenland hinter dem Deich jedoch zu tief, können nur

Pumpen das Wasser aus Gräben und kleinen Flüssen in die Eider oder die Nordsee befördern, dann muss ein **Schöpfwerk** gebaut werden.

Stöpe
Eine **Stöpe** ist ein Durchlass im Deich, der bei Gefahr verschlossen werden kann.

T – Tide

Das plattdeutsche und übrigens auch englische sowie dänische Wort für Gezeiten, die Tide umfasst beides: Ebbe und Flut. Der Begriff **Tidenhub** bezeichnet den Unterschied zwischen höchstem und niedrigstem Wasserstand.

W – Wurt

Etwa um 50 n. Chr. wurden an der Westküste die ersten künstlichen Wohnhügel zum Schutz vor der Nordsee aufgeschüttet. In Dithmarschen werden die Hügel **Wurten** genannt, in Nordfriesland **Warften**. Im Laufe der Zeit wurden sie mit Mist und dem Klei genannten Marschenboden weiter erhöht, dabei wuchsen die Hügel manchmal zu ganzen Dorfwurten. Für Archäologen sind die mehr als 1000 Jahre alten Siedlungsschichten eine wichtige Informationsquelle.

Z – Zucker

Der Anbau von **Zuckerrüben** gehörte zeitweilig zu den Dithmarscher Spezialitäten. Der aus Zuckerrohr gewonnene und nach Europa verschiffte Süßstoff war lange Zeit ein Luxusartikel:. Mit der Kontinentalsperre während der napoleonischen Kriege versiegte jedoch der Import, zudem geriet Zuckerrohr durch die damit verbundene Sklavenarbeit in die Kritik. Der deutsche Chemiker Andreas Sigesmund Marggraf (1709–1782) fand heraus, dass der aus Rüben gewonnene Zucker und der aus Zuckerrohr hergestellte identisch sind. 1869 wurde in **Wesselburen** die erste Zuckerfabrik gegründet, und der in Itzehoe lebende Belgier Charles de Vos nahm dort die Produktion auf. Im Jahr 1890 entstand die Zuckerraffinerie in **St. Michaelisdonn**; sie produzierte bis 1995. Überproduktion ließ zeitweise in Dithmarschen die Preise zusammenbrechen, der Kohlanbau erwies sich als lukrativer. Nur auf wenigen hundert Hektar werden heute noch Zuckerrüben angebaut.

MARNE

Karneval und Beugelbuddelbeer

Schleswig-Holstein gilt ja nicht unbedingt als Mutterland des Karnevals. Ganz Schleswig-Holstein? Eben nicht: Im äußersten Südwesten des Landes trotzt eine kleine Jecken-Hochburg mit ihrem Rosenmontagszug unermüdlich landschaftstypischen Stürmen und winterlichem Regen. Bis zu 25.000 Besucher kommen jedes Jahr zum Karneval nach Marne. In den 1950er Jahren kamen zuerst findige Gastwirte auf diese Idee, um die Wintermonate zu beleben. Seitdem hat sich die Marner Karnevalsgesellschaft mit ihrem Rosenmontagszug in der kleinen Stadt fest etabliert. **„Marn hol fast"** – „Marne hält zusammen" wurde zum Markenzeichen der norddeutschen Variante des Karnevals.

Noch bis zur Wende vom 16. zum 17. Jahrhundert lag das im Jahr 1140 zum ersten Mal urkundlich erwähnte Marne direkt an der Nordsee. Der ursprüngliche Name „Myrne" bedeutet im Altsächsischen „Siedlung am hohen Ufer". Deichbau und neue Köge haben das Meer seitdem in immer größere Entfernung gerückt. Heute ist das Stadtbild des 6000-Einwohner-Ortes geprägt von den oftmals prächtigen Fassaden der Altersvillen wohlhabender Marschbauern des 19. und des frühen 20. Jahrhunderts – Zeichen des bäuerlichen Wohlstands jener Zeit, zu dem der Kohlanbau in nicht geringem Maße beitrug.

Repräsentativ ist auch das **Marner Rathaus**, 1914/15 nach Plänen des Kielers Carl Mannhardt im historisierenden Neobarockstil errichtet. Der ursprünglich aus Schwetzingen in Baden stammende Architekt schuf einen Backsteinbau mit einem sich vorwölbenden Mittelteil und einer großen Durchfahrt. Das Büsumer Rathaus, ein

Karneval in Marne.

Repräsentatives Rathaus von 1914/15.

Entwurf desselben Architekten, weist starke Ähnlichkeiten auf.

Nicht weit entfernt vom Marner Rathaus liegt der Stadtpark, der weitläufige **Stöfen-Park** mit seinen exotischen Gehölzen.

Am 9. November 1918 rief der sozialdemokratische Reichstagsabgeordnete **Philipp Scheidemann** (1865–1939) in Berlin die Republik aus und wurde – wenn auch nur für kurze Zeit – der erste Ministerpräsident der jungen Republik. Seine Lehr- und Wanderjahre verbrachte der gelernte Schriftsetzer aus Kassel 1884 und 1885 in Marne, wo er auch seine spätere Ehefrau Johanna Dibbern kennenlernte. Eine Plakette am Haus der 1875 gegründeten **„Marner Zeitung"** in der Norderstraße erinnert an den prominenten Setzer, der 1939 auf der Flucht vor den Nationalsozialisten im Exil in Kopenhagen starb.

www.amt-marne-nordsee.de
www.marnholfast.de

Die Maria-Magdalenen-Kirche.

Die Kirche

In den Jahren 1904 bis 1906 entstand die kreuzförmige Maria-Magdalenen-Kirche nach Plänen von Wilhelm Voigt mit Stilelementen der Neoromanik. Die Bronzetaufe aus der Zeit um 1300 und die Kanzel (1603) stammen vom mittelalterlichen Vorgängerbau. Der Kirchturm sollte der Sage nach unbedingt höher ausfallen als beim Meldorfer Dom.

Das Museum

Eine Besonderheit ist das **Heimatmuseum Marner Skatclub** – wohlgemerkt kein Skatmuseum, das sich dem beliebten Kartenspiel widmet, sondern ein Museum zur Marner Historie, das selbst schon eine eigene Geschichte besitzt. Im Jahr 1905 gönnte sich der 1873 gegründete Skatclub ein eigenes Vereinshaus als Museum für die Raritätensammlungen der Vereinsmitglieder. Dies wurde die Basis des seitdem erweiterten und natürlich auch modernisierten Heimatmuseums. Neben vor- und frühgeschichtlichen Exponaten sind die Sammlungen vor allem ein Spiegel der Entwicklung vom Kirchort zur wohlhabenden Kleinstadt mit großbürgerlichem Gepräge.

Heiraten kann man im Museum übrigens auch.

Hinter dem Museum liegt der private, aber öffentlich zugängliche **Hintz-Park** mit Kunstwerken Marner Bildhauer.

Museumstr. 2,
25709 Marne
www.amt-marne-nordsee.de

Das Kultur- und Bürgerhaus

Wechselnde Ausstellungen zeitgenössischer Künstler, aber auch Konzerte und Lesungen bietet das 2009 eröffnete **Kultur- und Bürgerhaus Marne.** Der von dem Heider Architekten Jörg Steinwender gezeichnete Neubau wurde 2011 vom Bund Deutscher Architekten (BDA) als Beispiel für herausragende Architektur in Schleswig-Holstein ausgezeichnet.

Schillerstraße 11,
25709 Marne
www.kbh-marne.de

Ein Brunnen für Marnes Jäger alter Sagen

Der Marner **Karl Viktor Müllenhoff** (1818–1884) war ein Jäger verlorener Schätze. Unter Mitwirkung des Husumers **Theodor Storm** und des aus Garding auf Eiderstedt stammenden **Theodor Mommsen**, des ersten deutschen Nobelpreisträgers für Literatur, sammelte er ähnlich wie die Gebrüder Grimm fast vergessene **Sagen und Märchen**. Im Jahr 1845 erschien sein Buch „Sagen, Märchen und Lieder der Herzogtümer Schleswig-Holstein und Lauenburg". Darin nimmt Dithmarschen einen wichtigen Platz ein.

Im Jahr 1934 schuf die **Künstlerin Gertrud Wiebke Schröder** einen Brunnen (Süderstraße / Ecke Bahnhofstraße) zur Erinnerung an Müllenhoff. Er nimmt Elemente der Sage vom Dithmarscher Wunderbaum auf und zeigt Dithmarscher Geschlechterwappen.

Auch die Statue einer **Elster mit Hasenmaske** bezieht sich auf die von Müllenhoff festgehaltene Sage: Neben der Aubrücke bei Süderheistedt nahe Heide stand früher eine Linde, die bekannt war als **„Dithmarscher Wunderbaum"**. Sie war höher als

Der Marner Märchenbrunnen.

alle anderen Bäume, und ihre Zweige standen kreuzweise. Nach einer alten Prophezeiung sollte der Baum verdorren, wenn die Dithmarscher Freiheit verloren ginge. Und so geschah es. Eines Tages aber wird eine Elster in dem Baum nisten und fünf weiße Jungen aufziehen. Dann, so die Sage, wird auch der Baum wieder ausschlagen und das Land seine alte Freiheit zurückbekommen. Dass die Elster eine Hasenmaske trägt, verdankt sie der Phantasie der Künstlerin Pia Stadtbäumer, die damit eine Verbindung zum Marner Karneval schaffen wollte.

Entdecken und Erleben

Zwischen **Marne** und **St. Michaelisdonn** liegt die neun Kilometer lange Strecke der **Marschenbahn Draisine** – ein Fahrraderlebnis der besonderen Art. Von Mai und September kann man auf Schienen durch die Südermarsch fahren (siehe auch St. Michaelisdonn).

Mit der Draisine von Marne nach St. Michel.

Draisinenbahnhof
25709 Marne, Bahnhofstraße (gegenüber der Polizei)
www.marschenbahn-draisine.de

Über Marnerdeich, den Kaiser-Wilhelm-Koog, den Neufelder Hafen und zurück nach Marne führt die 24 bis 28 Kilometer lange **Radtour Naturgenuss.** Am Wegesrand: Hofläden und Cafés. Route unter
www.echt-dithmarschen.de

Wenn im September überall die **Dithmarscher Kohltage** gefeiert werden, begeht auch Marne sein Stadtfest mit zünftigen **Krauthobelmeisterschaften** – auch eine Marner Tradition.
www.echt-dithmarschen.de

Essen und Trinken

Bekannt ist Marne vor allem für sein Bier, das **Dithmarscher Beugelbuddelbeer** in der traditionellen Flasche mit dem Bügelverschluss. Seit mehr als 130 Jahren wird mitten in der Stadt in der einzigen Privatbrauerei im Norden das Bier gebraut; Besichtigungen sind dienstags und sonnabends nach vorheriger Anmeldung möglich.
Österstraße 18, 25709 Marne
www.dithmarscher.de

Tourist-Information
Touristik Marne-Marschenland
Deichstraße 2, 25709 Marne
www.echt-dithmarschen.de

Weiter Weg bis zur Elbe: Hafen von Neufeld.

UMGEBUNG

Idyllischer Hafen

Von Marne aus lohnt sich ein sechs-Kilometer-Abstecher in den idyllischen Hafen von **Neufeld**, lange Zeit Basis einer Fischereiflotte, aber auch Umschlagplatz für landwirtschaftliche Produkte. Heute ist er Heimathafen für einige kleinere Fischer- und Segelboote. Zur Elbe führt nur – gezeitenabhängig – ein Priel durch das weite Deichvorland. In der Ferne sieht man die großen Containerschiffe Richtung Hamburg gleiten. Auch das heutige Gemeindegebiet von Neufeld selbst war einst Meeresgrund, erst durch Sedimentablagerungen und Eindeichungen seit dem Mittelalter erhielt es nach und nach sein heutiges Gesicht.

Im Nordwesten von Neufeld, Richtung Kaiser-Wilhelm-Koog mit seinen modernen Windrädern, steht die **Mühle Immanuel** von 1850 als Relikt einer alten Form der Nutzung von Wind. Sie wurde 1983 aus Marne dorthin versetzt und beherbergt heute eine Galerie für zeitgenössische Kunst.
Püttenweg, 25724 Neufeld

Essen und Trinken

Gaststätte **„Op'n Diek"**, direkt auf dem Deich mit Elbe-Blick
Op'n Diek 3, 25724 Neufeld
www.restaurantopndiek.de

„Alice Heimathafen"
Op'n Diek 5, 25724 Neufeld
www.alice-heimathafen.de

MELDORF

Dithmarschens Kulturhauptstadt

Die St.-Johannis-Kirche, der **Meldorfer Dom**, überragt die Stadt – in jeder Beziehung. Die frühgotische Basilika des 13. Jahrhunderts bildet das Zentrum der Stadt, und sie ist Zeugnis von rund 1200 Jahren Geschichte. Schon von weitem ist der im 19. Jahrhundert angefügte neugotische Westturm der Kirche vor der Silhouette der niedrigen Bürgerhäuser zu sehen. Die idyllische Stadt (7200 Einwohner) war Dithmarschens „Hauptstadt", bevor im Mittelalter die Dithmarscher Landesversammlungen „up de Heyde" und nicht mehr in Meldorf tagten. Heute ist Meldorf mit seinen zahlreichen Museen eindeutig die Kulturhauptstadt Dithmarschens. Auch der Dom ist nicht nur geistliches Zentrum der Stadt, dort finden außerdem zahlreiche **Konzerte** statt.

Von der langen Besiedlung der Region zeugt die **Bronze-Fibel** von Meldorf, eine Gewandspange aus der ersten Hälfte des

ersten Jahrhunderts (heute im Archäologischen Landesmuseum auf Schloss Gottorf in Schleswig). Das nur 8,5 Zentimeter lange Objekt gibt der Wissenschaft Rätsel auf. Die vier Schriftzeichen auf dem Schmuckstück können sowohl in lateinischer Schrift als „Idin" für Ida gelesen werden oder als Runenzeichen „HIWI", das wäre dann „die Häusliche". Das Ungewöhnliche: Runenzeichen entwickelten sich nach bisherigem Wissensstand erst im 2. Jahrhundert. Die Meldorfer Fibel könnte damit neben einem Fund aus Dänemark eines der zwei ältesten Runenbeispiele überhaupt sein.
www.stadt-meldorf.de

Sehenswert

Schmale Straßen, niedrige Häuser: Bei einem Bummel durch Meldorf stoßen Besucher immer wieder auf bauliche Zeugen einer reichen Geschichte. Zu den ältesten Denkmälern zählt das Haus Süderstraße 18 aus dem Jahr 1588. Nach 1319 wurde in Meldorf das erste Dominikanerkloster errichtet. Daran erinnert noch das malerische ehemalige **Klosterviertel** mit dem Rektorenhaus von 1631. Das Gebäude Klosterhof 17 enthält noch wenige Elemente der mittelalterlichen Bausubstanz. In der Papenstraße liegt der Backsteinbau des alten **Pastorats** von 1601; das Mauerwerk an

Gebäude am Meldorfer Marktplatz.

der Rückfront deutet darauf hin, dass eine Kapelle in den Bau integriert wurde. Ein repräsentatives Backsteingiebelhaus ließ sich im Jahr 1710 der Amtsbäcker Johann Brandt in der Zingelstraße 8 errichten.

Den weiten **Marktplatz** rund um den Dom prägen Häuser zum Teil des frühen 19. Jahrhunderts, deren Barockelemente jedoch auf eine längere Geschichte hinweisen, wie zum Beispiel das Sandsteinportal des Hauses Südermarkt 12. Aus dem Jahr 1840 stammt die Apotheke.

Die Kirche

Zwar war Meldorf nie Bischofssitz, dennoch hat sich für den eindrucksvollen Backsteinbau der **St.-Johannis-Kirche** die Bezeichnung „Meldorfer Dom" oder auch **„Dom der Dithmarscher"** eingebürgert. Sie ist der bedeutendste Kirchenbau an der Westküste zwischen Hamburg und dem dänischen Ribe. Bereits für das Jahr 826 ist eine Kirche in Meldorf verbürgt, sie zählt zu den **Urkirchen** zwischen Elbe und Eider. Meldorf war der erste Missionsstandort, und dass die Kirche nach Johannes dem Täufer benannt wurde, verweist auf ihre Bedeutung als Taufkirche. Spuren eines Karolingischen Vorgängerbaus wurden unter der heutigen Kirche bislang jedoch nicht entdeckt. Die heutige Backsteinkirche entstand zwischen 1250 und 1300, ihr Äuße-

St. Johannis: Mittelalter-Kirche hinter neugotischer Fassade.

res wurde nach einem großen Brand im Jahr 1866 neugotisch verändert.
Zu den kunsthistorischen Schätzen der Kirche zählen die mittelalterlichen **Gewölbemalereien** in der Vierung und den Querschiffen aus der Zeit um 1300. Nach ihrer Restaurierung zu Beginn der 1990er Jahre sind die Szenen aus der Schöpfungsgeschichte sowie dem Leben Jesu wieder deutlich zu erkennen.
Noch aus der Epoche vor der Reformation stammt der spätgotische Schnitzaltar (um 1520) mit der Darstellung der Kreuzigung im Mittelfeld. Im Stil der Renaissance gestaltet ist das im Jahr 1603 von dem damals gefragten Rendsburger Bildschnitzer Johann Peper und von Thies Witt angefertigte Chorgitter, zusammen mit der Kanzel zählt es ebenfalls zu den Schmuckstücken der Kirche. Zahlreiche Epitaphien (Gedenktafeln) des späten 16. und frühen 17. Jahrhunderts dokumentieren nicht nur die Verbundenheit der Stifterfamilien mit der St.-Johannis-Kirche, sondern auch ihren Wohlstand.
Eines der Porträts in der Kirche erinnert an Heinrich von Zütphen (1488–1524). Der niederländische Mönch und Reformator, der einige Zeit in Wittenberg verbracht hatte, predigte im Jahr 1524 auf Einladung des Dompredigers Nikolaus Boie auch in Meldorf. Dort wurde er jedoch verhaftet und nachts barfuß nach Heide verschleppt und als Ketzer hingerichtet (siehe auch Heide).
www.kirche-meldorf.de

Museumsweberei im alten Pastorat.

Museen

Dithmarscher Landesmuseum

Eine Zeitreise durch 1200 Jahre Dithmarscher Geschichte bietet das **Dithmarscher Landesmuseum**, das aus einer 1872 gegründeten Sammlung zur Geschichte und

Das Dithmarscher Landesmuseum ist der älteste Museumsbau Schleswig-Holsteins.

300 Jahre alt ist das Dithmarscher Bauernhaus.

Kultur der Region zu einem umfangreichen Komplex gewachsen ist. Der 1892 bis 1896 im Stil des Historismus gebaute **Nordflügel** gilt als ältester Museumszweckbau Schleswig-Holsteins. Dort wird die Regionalgeschichte Dithmarschens vom ausgehenden Mittelalter bis 1867 dargestellt. Hervorragendes Ausstellungsstück ist der Pesel des einstigen Ratsmitglieds der Bauernrepublik Dithmarschen und späteren Landvogts Markus Swyn. Der als „Swynscher Pesel" bekannte Renaissance-Raum von 1568 steht geradezu als Symbol für Dithmarscher Reichtum und Selbstbewusstsein jener Zeit.

Der Südflügel des Museums wurde im Jahr 1859 ursprünglich für die **„Meldorfer Gelehrtenschule"** errichtet. Heute beherbergt er eine Ausstellung zur jüngeren Geschichte. Neben einem Klassenzimmer aus den 1920er Jahren laden ein vollständig eingerichteter Operationssaal, ein Friseursalon, eine Kneipe und ein komplettes Kino zum Entdecken ein – eine Zusammenstellung, die in ihrem Umfang einmalig in Norddeutschland ist.

Bis **Oktober 2022** (voraussichtlich) wird das 150 Jahre alte Museum mit Millionen-Aufwand umfassend modernisiert und dabei unter anderem auch energetisch saniert.

Bütjestraße 2–4,
25704 Meldorf
www.landesmuseum-dithmarschen.de

Das Landwirtschaftsmuseum

Das Leben und Arbeiten auf dem Land mit seinen großen Veränderungen in den vergangenen 200 Jahren sind Thema des 1986 eröffneten Landwirtschaftsmuseums. Frühe Trecker und 100 Jahre alte, mit Dampf betriebene Dreschmaschinen dokumentieren den Einzug der Technik auf den Bauernhöfen. Ein Dorfmodell und ein alter Bäckerladen runden das Angebot ab.
Schleswig-Holsteinisches Landwirtschaftsmuseum
Jungfernstieg 4, 25704 Meldorf
www.landwirtschaftsmuseum-schleswig-holstein.de

Das Dithmarscher Bauernhaus

In unmittelbarer Nachbarschaft des Landwirtschaftsmuseums liegt das Dithmarscher Bauernhaus. Bereits 1907 wurde das reetgedeckte Fachwerkhaus vom 20 Kilometer entfernten Osterrade an seinen heutigen Standort versetzt, damit zählt es zu den ältesten Freilichtmuseen Deutschlands. Das um 1700 errichtete, niederdeutsche Fachhallenhaus zeigt die Wohn- und Arbeitsatmosphäre auf einem Bauernhof vor etwa 150 Jahren.
www.landwirtschaftsmuseum-schleswig-holstein.de

Der Rosengarten

Zwischen Landwirtschaftsmuseum und Bauernhaus befindet sich mit dem historischen Rosengarten eine bundesweit berühmte Sammlung alter Rosensorten. Mehr als 50 wurden von der Journalistin und Gärtnerin Gerda Nissen (1929–1999) von Fundorten an Kirchen, Friedhofsmauern oder in alten Bauerngärten in Dithmarschen zusammengetragen. Heute bilden sie eine idyllische Ruhezone im Herzen Meldorfs, besonders zur Blütezeit im Juni und Juli.
www.landwirtschaftsmuseum-schleswig-holstein.de

Zwei berühmte Meldorfer

Ein Denkmal vor dem Meldorfer Dom und die Grabplatte in der Kirche selbst, aber auch ein Modell seines Expeditionsschiffes „Grönland" im Dithmarscher Landesmuseum erinnern an einen der berühmtesten Bürger der Stadt: den **Arabienreisenden Carsten Niebuhr** (1733 bis 1815), der 1778 mit seiner Familie von Kopenhagen nach Meldorf übersiedelte.
Niebuhr stammte ursprünglich aus dem Land Hadeln südlich der Elbe, hatte die Gelehrtenschule des Hamburger Johanneums besucht und in Göttingen Mathematik studiert, bevor er 1760 als Ingenieurleutnant in dänische Dienste trat. Als Kartograf begleitete er von 1761 bis 1767 eine Expeditionsreise im Auftrag des dänischen Königs in den Orient, zu jener Zeit eine für Europäer weitgehend unbekannte Welt. Umso größeres Aufsehen erregten seine Aufzeichnungen und Daten, die er nach seiner Rückkehr veröffentlichte. Neben dem Modell seines Expeditionsschiffes zeigt das Museum auch Niebuhrs Vermessungsinstrumente.

Er erhielt vielfache Auszeichnungen, wurde 1768 zum Ingenieur-Kapitän befördert, im Jahr 1778 „Wirklicher Justizrat" und Landschreiber zu Meldorf, 1808 Etatsrat. Niebuhr starb im Jahr 1815 in Meldorf.

Das ehemalige Wohnhaus des Mathematikers am **Nordermarkt 9** beherbergt heute die Domgoldschmiede und im Keller des Hauses ein **Löffelmuseum**.

Befreundet war Niebuhr mit dem Dichter, Literaten und Landvogt **Heinrich Christian Boie** (1744–1806). Der hatte Jura studiert, war zugleich aber Dichter und Übersetzer. Als Mitbegründer des „Musen-Almanachs" in Göttingen und später der literarischen Monatsschrift „Deutsches Museum" gehörte Boie zu den wichtigsten literarischen Publizisten seiner Zeit und verhalf der „Sturm-und-Drang-Bewegung" mit zum Durchbruch. Boie stand unter anderem in Kontakt mit Goethe, Klopstock, Herder und Claudius. Im Jahr 1781 erhielt Boie die Stellung als Landvogt von Süderdithmarschen, die ihm seinen Lebensunterhalt sicherte.

Domgoldschmiede und einstiges Wohnhaus von Carsten Niebuhr.

Entdecken und Erleben

Historische Muster aus der Museumsweberei

In den Räumen des alten Pastorats befindet sich die einzige **Beiderwandweberei** Deutschlands. Diese Technik aus dem 14. Jahrhundert ist eine bäuerliche Volkskunst Schleswig-Holsteins. In der Museumsweberei werden dafür Wollgarne, Baumwollgarne und Leinengarne miteinander verwoben. Die historischen Muster werden unter anderem für Kissen, und Vorhänge verwendet. Außerdem ist im Alten Pastorat eine Töpferei beheimatet.

www.stiftung-mensch.com/altes-pastorat/

Speicherkoog: Natur und Naherholung

Naturschutzgebiet, Rast- und Rückzugsgebiet für Vögel, zugleich Surfrevier und Naherholungsgebiet mit zwei Badestellen – der 1979 eingedeichte Speicherkoog vereint unterschiedliche Funktionen. Auch der neue Meldorfer Yachthafen fand seinen Platz an der Spitze des Koogs.

Bereits nach der großen Sturmflut von 1962 begannen die Planungen für eine Deichverkürzung und die Anlage eines Speicherbeckens, das das Wasser aus dem Binnenland aufnimmt, wenn es bei starken Westwinden nicht in die Nordsee abfließen kann. Nur ein kleiner Teil des neuen Koogs sollte, wie es traditionell bis dahin üblich war, landwirtschaftlich genutzt werden. Mit dem **„Wöhrdener Loch"** und dem Salzwasserbiotop **„Kronenloch"** entstanden auf 2000 Hektar vor allem zwei Naturschutzgebiete im insgesamt 5000 Hektar großen Speicherkoog.

Der NABU unterhält dort das Nationalparkhaus **„Wattwurm"** mit einer Ausstellung über die beiden Naturschutzgebiete und den Nationalpark Wattenmeer (im Winter geschlossen).

Im Süden des Speicherkoogs liegt **Helmsand**. Dithmarschens einzige Hallig ist durch einen 1,5 Kilometer langen Damm mit dem Festland verbunden und damit eigentlich schon fast eine Halbinsel. Helmsand ist Vogelschutzgebiet: Brutplatz für Seevögel, im Frühjahr und Herbst außerdem Rastplatz für Zugvögel. Für menschliche Besucher ist die Hallig zwischen 1. April und 31. Juli tabu. Ausflüge nach Helmsand werden von Dithmarscher Wattführern angeboten.

www.watterleben.de
www.schleswig-holstein.nabu.de

Yachthafen im Speicherkoog.

Essen und Trinken

Süßes und Herzhaftes:
Dom Café Meldorf
Südermarkt 4, 25704 Meldorf
www.domcafemeldorf.de

Direkt am Dom:
Hotel zur Linde
Südermarkt 1, 25704 Meldorf
www.linde-meldorf.de

Brasserie & Restaurant V
Klosterstr. 4, 25704 Meldorf
www.restaurant-v.de

Tourist-Information
Tourist-Info Mitteldithmarschen
Nordermarkt 10, 2507 Meldorf
www.echt-dithmarschen.de
www.meldorf-nordsee.de

WELTNATURERBE WATTENMEER – EIN EINZIGARTIGES ÖKOSYSTEM

Wind und Gezeiten haben das Wattenmeer in Jahrtausenden geformt, und sie verändern es immer wieder von Neuem. Von den Niederlanden bis Dänemark ist diese amphibische Landschaft das größte zusammenhängende Gebiet der Welt, das dem Einfluss von Ebbe und Flut unterliegt. Sie ist ein Küstenbereich der Superlative: Ein einzigartiges Ökosystem mit der **weltweit größten Artenvielfalt** und eines der wichtigsten gezeitenabhängigen Feuchtbiotope. Mehr als 10.000 Pflanzen- und Tierarten leben im Nordsee-Watt. Etwa zehn bis zwölf Millionen Zugvögel machen jedes Jahr Rast auf ihrem Zug entlang der Atlantikküste nach Norden bis Kanada oder Sibirien und im Herbst auf dem Flug nach Süden. Für viele ist das Wattenmeer außerdem Winterquartier. Nicht ohne Grund gilt es als vogelreichstes Gebiet Europas und als Deutschlands bedeutendster Naturraum.

Der Blick über die Salzwiesen der Hamburger Hallig zur Hallig Nordstrandischmoor.

Daneben ist es Laichplatz vieler Meeresfische, darunter zum Beispiel Scholle und Seezunge. Zu den dort lebenden Säugetieren zählen Seehunde, Kegelrobben und Schweinswale. Die Salzwiesen, Dünen und Sandbänke sind die Heimat einer Vielfalt von weiteren Arten.

Im Jahr 2009 wurde die überragende Bedeutung des Wattenmeers von der Unesco mit der Anerkennung als **Weltnaturerbe** gewürdigt. Dem gingen jahrzehntelange Bemühungen um den Naturschutz voraus. Schon 1985 wurde das schleswig-holsteinische Wattenmeer zum **Nationalpark** erklärt, 1986 und 1990 folgten die niedersächsischen und die hamburgischen Anteile. Seit 1990 ist das schleswig-holsteinische Wattenmeer, ergänzt um die Halligen, außerdem Biosphärenreservat der Unesco, für Hamburg und Niedersachsen gilt dies seit 1992.

Die 450 Kilometer Schlick- und Sandwattflächen zwischen dem niederländischen

Von Holland bis über Esbjerg hinaus – das Wattenmeer im stetigen Wandel.

Den Helder im Süden und der Halbinsel Skallingen nordwestlich der dänischen Stadt Esbjerg sind eines der letzten Gebiete in Europa, in dem sich die Natur noch weitgehend unbeeinflusst vom Menschen entwickeln kann. Eine 11 500 Quadratkilometer große Fläche zwischen Land und Meer von „besonderer Bedeutung für die weltweite Biodiversität", so die Unesco.

Weltweit sind derzeit 213 Stätten als Weltnaturerbe anerkannt, so zum Beispiel das Great Barrier Reef in Australien, der Yellowstone Nationalpark in den USA oder auch der Geirangerfjord in Norwegen.

Die Anerkennung durch die Unesco bedeutet zugleich die Verpflichtung zum dauerhaften Schutz und zu einem entsprechenden Management. Umwelteinflüsse und ökologische Prozesse werden genau beob-

Blick auf das Wattenmeer von Trischen und der Eidermündung über das westliche Eiderstedt bis hin zu den nordfriesischen Inseln, Halligen und Außensänden.

achtet und dokumentiert. Und zum Schutz der Natur gibt es Bereiche, die weder von Menschen betreten noch von Schiffen befahren werden dürfen. Naturschutz und Tourismus erfordern immer wieder einen sorgfältig ausbalancierten Interessenausgleich. Immerhin werden an der schleswig-holsteinischen Nordseeküste jedes Jahr rund 19 Millionen Übernachtungen gezählt, außerdem noch einmal etwa 13 Millionen Tagesausflügler. Sie kommen, um die Natur und die Landschaft zu erleben – die es zugleich zu schützen gilt.

Das Wattenmeer entdecken

Die größte interaktive Ausstellung befindet sich im Nationalpark-Zentrum **Multimar-Wattforum in Tönning**.

Insgesamt 20 Naturschutzvereine setzen sich für den Schutz des Wattenmeeres ein. Als Partner der Nationalparkverwaltung übernehmen sie die Betreuung einzelner Teilgebiete, haben Infozentren aufgebaut oder bieten auch ganz praktische Informationen bei Wattwanderungen an.

So betreibt allein der private Verein **„Schutzstation Wattenmeer"** ein Netzwerk aus 17 Stationen. Außerdem bietet er pro Jahr etwa 3000 geführte Touren an. In Dithmarschen ist die Schutzstation Wattenmeer an zwei Standorten vertreten: In **Büsum** am **Badestrand Perlebucht** sowie in **Friedrichskoog** im Haus des Kurgastes (Koogstraße 141).

Der **„Naturschutzbund Deutschland"** (NABU) betreut eine Reihe von Schutzgebieten: darunter das „Katinger Watt" an der Eidermündung, außerdem die **Insel Trischen**, deren Vogelwart, oder auch die Vogelwartin, dort einsam von März bis Oktober Natur und Tierwelt beobachtet. Die Ausstellung in der NABU-Nationalparksta-

tion **„Wattwurm"** im **Meldorfer Speicherkoog** zwischen dem neuen Meldorfer Hafen und der Badestelle Elpersbüttel informiert sowohl über die Vogelinsel Trischen als auch über die Schutzgebiete im Speicherkoog (April bis Oktober).
www.nationalpark-wattenmeer.de
www.schutzstation-wattenmeer.de
www.nabu.de/natur-und-landschaft/meere/wattenmeer

Wattwanderungen

Barfuß über den Meeresgrund laufen, kleine Muscheln entdecken, am fernen Horizont das Wasser erahnen – Wattwandern ist nicht nur für Urlauber immer wieder ein besonderes Erlebnis. Die Weite des Watts, die Vielfalt des Lebens im feuchten Sand beeindrucken immer wieder – auch die, die an der Küste geboren sind oder vielleicht schon seit Jahrzehnten hier leben.

Doch das Watt birgt auch Gefahren. Muschelfelder, Steilkanten oder Schlickfelder können tückisch sein. Und vor allem unerfahrene Wattwanderer verschätzen sich oft: Das Wasser ist schneller zurück als gedacht. Der Priel, auf dem Hinweg noch kaum knietief, ist plötzlich ein reißendes Gewässer. Lebensgefahr!

Zu Wattwanderungen sollte man deshalb nie allein aufbrechen. Besser noch: nur mit kundigenWattführern. Sie kennen die Gezeiten, und sie können die Zeichen von Wetter und Wind deuten. Nicht nur in Büsum, auch an allen anderen Orten zwischen Brunsbüttel und der Eidermündung gehen erfahrene Guides mit großen und kleinen Leuten zu unterschiedlichen Themen-Exkursionen hinaus ins Watt. Doch nur in Büsum auch mit Musik.

Die seit mehr als 20 Jahren bestehende „Wattführergemeinschaft Dithmarscher Nordseeküste" bieten auf ihrer Web-Seite unterschiedliche Wattwanderungen an: Für Sportliche (drei bis sieben Stunden), Exkursionen für die ganze Familie, aber auch Ein-Stunden-Ausflüge zum Beispiel für Kinder.
www.watt-erleben.de

Wattführungen sowie kreative Kinder-Wattführungen haben auch „De Büsumer Wattenlöpers" in ihrem Programm.
www.buesum-fuehrungen.de

Informationen zum Wattwandern liefert außerdem die Web-Seite
www.echt-dithmarschen.de

Namen und Telefonnummern von Dithmarscher Wattführern finden sich ebenfalls unter nordseetourismus.de/watt-und-gaestefuehrer-fuer-dithmarschen

Die Schutzstation Wattenmeer bietet Wattwanderungen für Gruppen an.
www.schutzstation-wattenmeer.de

Sogar Winterwanderungen sind mit Nationalparkwattführer Johann P. Franzen möglich.
www.reiseservice-franzen.de

ST. MICHAELISDONN

Von Nordsee und Eiszeit geprägt: Donn und Kleve

Als Brücke zwischen Marsch und Geest versteht sich St. Michaelisdonn, von Einheimischen kurz **„St. Michel"** genannt. Als „Niekerken upe Dunne" wird der Ort manchmal in alten Urkunden bezeichnet: als Neukirchen auf der Düne. Wanderungen rund um den Ort sind immer auch Ausflüge in die Geschichte der Dithmarscher Landschaften, die von Eiszeiten und Nordsee gleichermaßen geprägt wurden. So reichte vor 6500 Jahren das Meer noch bis an die Dithmarscher Geest heran. In jener Zeit bildeten sich die ersten Klevs heraus, die Kliffs an den Abbruchkanten.

Gewachsen ist St. Michel auf einem vor 4500 Jahren entstandenen Strandwall, als die Nordsee Sand und Kies vor den Hügeln der Geest ablagerte. Am kleinen **Flugplatz** von Hopen und bei **Windbergen** sind die Abhänge der bis zum 40 Meter hohen Klevs deutlich zu erkennen. Auch der

„Golfclub am Donner Kleve“ verdankt den landschaftstypischen „Kliffs“ seinen Namen.

Südöstlich von St. Michaelisdonn liegt das Naturschutzgebiet „Kleve“. Die erdgeschichtliche Entwicklung nach der Eiszeit in Dithmarschen ist dort eindrucksvoll zu erleben.

www.st-michaelisdonn.de

Golfclub am Donner Kleve
Alte Landstrasse 1,
25693 St. Michaelisdonn

Namensgeberin: Die Kirche

Der schlichte rechteckige Backsteinbau der im Jahr 1611 geweihten **St.-Michaelis-Kirche** gab der Gemeinde ihren Namen**.** Die Ausstattung der um 1730 erweiterten Saalkirche ist vom Barock geprägt: Der Altaraufsatz entstand 1693, die Taufe um 1650, die Kanzel im Jahr 1702.

Zu den Gemälden in der Kirche zählt ein Porträt des **Theologen Claus Harms (1778–1855).** Er war der Sohn eines nach St. Michaelisdonn gezogenen Müllers und erlernte selber auch erst das Handwerk, bevor er Theologie studierte. Er gilt als einer der Begründer des Neuluthertums. In seiner ab 1830 erschienenen Pastoraltheologie setzt sich Harms mit dem Pfarrer in seiner dreifachen Funktion als Prediger, Priester und Pastor auseinander.

St. Michaelisdonn: Ein Museum für die Freimaurer.

Freimaurermuseum

Sie sind von Geheimnissen umgeben, oft auch mit Vorurteilen konfrontiert: Die Freimaurer umgibt stets eine mystische Aura. Wer sie sind, und was sie wollen, erfahren Besucher im **Freimaurermuseum**. Mit seinen rund 5500 Exponaten ist es nach London und Kopenhagen weltweit das drittgrößte. Es bietet einen Überblick über fast 300 Jahre freimaurerische Kulturgeschichte. Gegründet wurde es 1979, als zehn Logenbrüder die alte Schule der Gemeinde kauften und sie zunächst zu einem Logenhaus umbauten, das dann durch das Museum ergänzt wurde, in dem Nicht-Freimaurer kompetent informiert werden sollen. (Geöffnet jeden ersten Sonnabend im Monat 15 bis 18 Uhr und nach tel. Rücksprache)
Meldorfer Straße 2,
25693 St. Michaelisdonn
www.freimaurer-museum.de

Entdecken und Erleben

Rundflug über St. Michel vom Flugplatz Hopen aus

Vier Wanderwege sind rund um St. Michel ausgeschildert. Vom Donner Kleve zum Gudendorfer Forst heißt ein neun Kilometer langer Weg in die Gudendorfer Heide. Der **„Franziskusweg"** (Start an der Kirche von Windbergen) ist ein eher spiritueller Themenwanderweg.

Rundflüge über die einzigartige Landschaft sind vom kleinen Verkehrslandeplatz St. Michaelisdonn in Hopen aus möglich.
www. dithmarscher-luftsportverein.de

Mit der Fahrraddraisine nach Marne

Ein besonderes Fahrraderlebnis bietet die neun Kilometer lange **Draisinenstrecke** zwischen **Marne** und **St. Michaelisdonn**. Jeweils zwischen Mai und September können Eisenbahnfans und Erlebnishungrige auf Schienen durch die Natur der Südermarsch strampeln – bei günstigem Wind auch mit Segelunterstützung. Die Fahrzeit beträgt ungefähr 70 Minuten, aber zwischendurch dürfen gern eine Kaffeepause oder eine Stadtbesichtigung eingeplant werden.
Marschenbahn – Draisinen GbR
Draisinenbahnhof St. Michaelisdonn
Poststraße 18a
www.marschenbahn-draisine.de

Windmühlen – Zeugen alter Technik

Knapp 20 Windmühlen haben in Dithmarschen den Wandel der Zeiten und den technischen Fortschritt überdauert, drei von ihnen in und um St. Michel.

Die reetgedeckte **Windmühle Edda** in Hopen, erbaut im Jahr 1842 oberhalb des Geestrandes, ist das Wahrzeichen von St. Michaelisdonn und zählt zu den bedeutendsten Mühlen im Land. In den Jahren 1999 und 2000 wurde sie bereits einmal umfassend saniert, doch inzwischen ist erneut Holzwurmbefall festgestellt worden.

Der Donner Heimat- und Mühlenverein, der den Besitzer beim Erhalt des historischen Bauwerks unterstützt, ist derzeit über jede Spende dankbar. (Nur zu Fuß erreichbar.)
Hoper Mühle 1, St. Michaelisdonn
Auch der **Galerieholländer** „Gott mit uns", der im Jahr 1865 an Stelle einer alten Bockwindmühle im Nachbardorf **Eddelak** errichtet wurde, konnte erhalten werden. Die Mühle musste im Laufe der Zeit mehrfach restauriert werden. In der Nachkriegszeit, als Holz knapp war, wurde sogar ein Dalben aus dem Nord-Ostsee-Kanal für einen neuen Flügel zurechtgesägt, 1976 brach im Orkan die Windrose ab. Seit 1986 steht die Mühle unter Denkmalschutz. Brautpaare können sich dort trauen lassen, und auf Anfrage kann sie besichtigt werden (Albert Haalck, Tel. 04855/8058).
www.muehle-eddelak.de
Die dritte Mühle im Umfeld von St. Michaelisdonn ist die **Mühle „Ursula"** in **Barlt.** Der Galerieholländer aus dem Jahr 1875 gehört sogar zu den wenigen, in denen noch heute Korn gemahlen werden könnte. Das an dieser kleinen Windmühle bestehende Nebeneinander von zwei Windgängen, die durch einen technischen Kunstgriff auch per Motor betrieben werden können, hat für Denkmalschützer einen hohen technikgeschichtlichen Wert. Der Elektromotor tut übrigens auch bereits seit 1927 seinen Dienst. Nach Absprache kann die Mühle besichtigt werden.
Mühlenstraße 5
www.barlt.de

Traditionell ist der Pfingstmontag überall in Deutschland der **Mühlentag**, an dem auch viele Mühlen besichtigt werden können, deren Türen sonst nicht offenstehen.
www.deutsche-muehlen.de

Galerieholländer in Eddelak.

Mühle „Ursula" in Barlt.

Tipp: 40 Kilometer lang ist die **Mühlenroute** für Fahrradfahrer von St. Michaelisdonn bis Meldorf und zurück über den Meldorfer Hafen, Elpersbüttel und Barlt.

Essen und Trinken

Restaurant **„Gustav's"** im **Landhaus Gardels**
Westerstraße 19,
25693 St.Michaelisdonn
www.landhaus-gardels.de

Dithmarscher Gänsemarkt

Nicht nur Gänse und -daunen werden auf dem Hof angeboten, sondern auch hausgemachte Leckereien und Kuchen aus der Farmküche, und Besucher dürfen auch im Kükenstall vorbeischauen.
Hauptstraße 1, 25693 Gudendorf
www.gaensemarkt.de

Tourist-Information
Bahnhofstrasse 26 (direkt am Bahnhof), 25693 St. Michaelisdonn
www.st-michaelisdonn.de

UMGEBUNG

BARLT

Bestsellerautor der Kaiserzeit

Seine Bücher verkauften sich mehr als 3,5 Millionen Mal, und er wurde sogar für den Literatur-Nobelpreis vorgeschlagen (er erhielt ihn aber nicht): Der 1863 im idyllischen Dorf Barlt geborene Gustav Frenssen gehörte vor dem Ersten Weltkrieg zu den bekanntesten Autoren seiner Zeit. Zum Sensationserfolg und in viele Sprachen übersetzt wurde im Jahr 1901 sein Roman „Jörn Uhl". Die Geschichte des Dithmarscher Bauernjungen, der vergeblich versucht, den von Vater und Brüdern im Spiel heruntergewirtschafteten, ehemals stolzen Hof zu retten, bevor er schließlich doch eigene neue Wege geht, verhalf Frenssen zum Durchbruch. Seine spätere Begeisterung für den Nationalsozialismus ließen seine Werke nach 1945 jedoch ins Abseits geraten.

Nach seinem Studium, den darauf folgenden Jahren als Pastor in Hennstedt und Hemme sowie als freier Schriftsteller in einer Villa in Hamburg-Blankenese, kehrte Frenssen 1920 in sein Elternhaus in Barlt zurück, wo er bis zu seinem Tod 1945 lebte. Seine Frau Anna bewohnte das Haus bis zu ihrem eigenen Ableben im Jahr 1965. Das **Gustav Frenssen-Haus** ist als Museum erhalten und auf Anfrage zu besichtigen.

Zur Zeit der Bauernrepublik war Barlt ein vergleichsweise wohlhabendes Dorf, das im Jahr 1428 eine eigene Kirche errichten konnte. Bis zum Bau des Speicherkoogs hatte der Ort sogar einen kleinen Hafen.

Gustav Frenssen-Haus
Dorfstraße 15, 25719 Barlt
www.barlt.de

Das Gustav-Frenssen-Haus.

GUDENDORF

Gedenkstätte für sowjetische Kriegsgefangene

Eine monumentale, elf Meter hohe Stele des Bildhauers Siegfried Assmann und drei kreisförmig angelegte Grabfelder erinnern in **Gudendorf** an das Schicksal sowjetischer Kriegsgefangener der Zeit zwischen 1941 bis 1945. Dort war mit Kriegsbeginn ein Lager für Bautrupps angelegt worden, die einen Flugplatz für die Luftwaffe bauen sollten. Ab 1940 wurden dann in einem Teil des Lagers französische, von Dezember 1941 an sowjetische Kriegsgefangene untergebracht. Ab April 1944 wurde das Lager zur zentralen **Krankenstation** für sowjetische Kriegsgefangene in Schleswig-Holstein und Hamburg, allerdings nur mit minimaler medizinischer Pflege. Wie viele Menschen in den Massengräbern dort beigesetzt wurden, ist bis heute nicht genau bekannt.

Bereits kurz nach Kriegsende errichtete die **sowjetische Repatriierungs- und Grabesmission** in Kooperation mit den britischen Besatzern ein erstes Denkmal zur Erinnerung an die dort bestatteten sowjetischen Kriegsgefangenen. Ende der 1950er-Jahre beschloss das Land Schleswig-Holstein eine Neugestaltung des Gedenkortes. Die Stätte ist seither zentraler Gedenkort für diese Opfergruppe des Nationalsozialismus im Land Schleswig-Holstein.

Nach neueren Forschungen zur Lagergeschichte konnten im Jahr 2015 Gedenktafeln mit den Namen von 300 Verstorbenen eingeweiht werden – die freien Flächen zwischen den Tafeln weisen auf die unbekannten Toten hin. Seit 1983 engagiert sich die Initiative **„Blumen für Gudendorf"** für die Aufarbeitung der Geschichte. Die Gedenkstätte ist vom Parkplatz am Ende der Vierthstraße zu Fuß durch den Wald zu erreichen.
Vierthstraße, 25693 Gudendorf
www.gedenkstaetten-sh.de

Gedenkstätte in Gudendorf.

EDDELAK

Als die Dithmarscher im Jahr 1281 ein Beistandsabkommen mit der Hansestadt Hamburg abschlossen und sich verpflichteten, künftig keine **Hamburger Schiffe** mehr zu überfallen, betraf dies auch das Kirchspiel Eddelak, das in dieser Urkunde vom 7. Mai 1281 zum ersten Mal erwähnt wurde (Nebenbei gesagt: Von Dauer war dieser Vertrag nicht, siehe auch Brunsbüttel.)

Bereits um 1150 wurde die erste **Sankt-Marien-Kirche** errichtet, 1740 jedoch abgerissen, und Johann Georg Schott aus Heide, Architekt auch der Wesselburener Kirche, errichtete den Neubau. Zu den herausragenden Kunstschätzen gehören ein barocker Kanzelaltar (1740) des Wesselburener Bildschnitzers A. H. Burmester und eine Figur des Gekreuzigten aus der Zeit um 1520 aus der Vorgängerkirche, erhalten blieb auch das Bronze-Taufbecken des 13. Jahrhunderts.

KUDEN und KUDENSEE

Schiffertradtitionen

Auf der Dithmarscher-, das heißt der Nord-Seite des Kanals liegt der **Kudensee**, die gleichnamige Gemeinde jedoch auf der Südseite im Kreis Steinburg. Unmittelbar an den einst sehr viel größeren See grenzt dagegen das Dorf **Kuden**. Der Bau des Nord-Ostsee-Kanals hat hier absonderliche Verhältnisse geschaffen: Rund 20 Hektar des Gemeindegebiets von Kuden liegen auf der Steinburger Kanalseite, vier Hektar

Kudenseer Land auf dem Dithmarscher Ufer. Immerhin ermöglicht die Fähre zwischen Kudensee und Averlak eine unkomplizierte Verbindung.

Seit je her hat der See das Leben der Menschen bestimmt. Zur Entwässerung des unter dem Meeresspiegel liegenden und früher oft überschwemmten Landes wurde 1765 der Büttler oder auch **Bütteler Kanal** gebaut, der damals in die Elbe mündete und heute durch den Nord-Ostsee-Kanal geteilt wird. Den Bauern diente er zum Transport von Torf und Waren. Daran erinnert das einmastige Plattbodenschiff im Wappen der Gemeinde Kudensee, die sich am „Lütten Kanol" entlang zieht. Eine Kahnschiffergilde hat sich in Kuden gegründet, sie möchte alte Schiffer-Traditionen aufrechterhalten.

Die Kahnschiffer von Kuden bieten auch die Kahnfahrten auf der **Burger Au** mit echten **Spreewaldkähnen** an – einmalig in Schleswig-Holstein.

www.kahnschiffer.de

Das idyllische Dorf Kuden.

Entdecken und erleben

Schon vor gut 80 Jahren wurden der **Kudensee** und seine Umgebung unter Naturschutz gestellt. Der heute noch etwa 40 Hektar große See und das ihn umgebende Feuchtgrünland gelten als wichtiger Brut- und Rastplatz für Wasser- und Wiesenvögel. Insgesamt stehen 246 Hektar unter Naturschutz. Am Westrand des Kudensees steht eine Aussichtsplattform (zu Fuß oder mit dem Fahrrad erreichbar).

Vom **Klevhang** bei Kuden reicht die Sicht an schönen Tagen bis zur Nordsee. Der Klev steht in diesem Fall für die Steilkante von der Geest zum alten Urstromtal der Elbe. Er entstand vermutlich bereits am Ende der vorletzten Eiszeit vor rund 150.000 Jahren.

Die **NOK-Fahrradroute** führt dicht am Kudensee vorbei durch das Buchholzer Moor und entlang der Burger Au.

www.nok-route.de

Kähne auf der Burger Au.

TELLINGSTEDT

Das Dorf der „Püttjer"

Für den niederdeutschen Schriftsteller Klaus Groth (1819–1899) war Tellingstedt sein „Jungsparadies". „Ich war am liebsten auf der Geest, in Tellingstedt, wo drei Onkel von mir wohnten. Hier habe ich am Mühlbach, am Teich, im Schatten der Erlen die frohesten Spiele gespielt, die heitersten Träume geträumt. Als Dank dafür spielen fast alle meine erzählenden Gedichte in Tellingstedt," schrieb der Dichter später.

Das Geest-Dorf nahe der Eider zählt zu den Urkirchspielen Dithmarschens, mehrfach in seiner Geschichte heftig umkämpft. Im Jahr 1403 soll es von holsteinischen Adeligen geplündert worden sein, und in der **letzten Fehde 1559** brannte das Dorf fast vollständig nieder.

Rund 300 Jahre lang war Tellingstedt berühmt für seine **Töpferwaren**. Der erste „Püttjer", so wurden die Töpfer genannt, fand bereits im Jahr 1680 Erwähnung. Dank der großen Tonvorkommen in der

Umgebung konnten sich zeitweise bis zu 17 Töpfereien in dem Ort ansiedeln. Sie versorgten die gesamte Westküste mit Geschirr und Vorratsgefäßen. Industrialisierung und preiswertes Blechgeschirr wurden jedoch Ende des 19. Jahrhunderts zunehmend zur Konkurrenz. Heute setzen noch zwei Keramikwerkstätten die alte Tradition fort. Und mitten im Ort erinnert das **Töpferdenkmal** daran.

Inzwischen ist Tellingstedt über die Grenzen Dithmarschens hinaus bekannt für ganz andere Spezialitäten: Jagdwaffen von Schrum, vor allem aber für **Brautkleider und Abendmode**. In rund 50 Jahren ist „Laues Festgarderobe" vom kleinen Secondhand-Shop der Landfrau Grete Laue zu einem mittlerweile in dritter Generation geführten 4000-Quadratmeter-Betrieb gewachsen.

Vorgeschichtliche Grabhügel in der Umgebung zeigen, dass die Gegend bereits seit langem bewohnt war. Dazu gehört zum Beispiel die **Grabhügelgruppe Breitenberg** nordwestlich von Tellingstedt mit zwei Gräbern der älteren Bronzezeit (1800

In der Töpferei

Bi slecht Wedder weer ik gewiß in'e Püttjerie un leet mi ok ni verdriben, wenn de Ol mal sin spaßi Schur un Lust harr, mi to brüden. Dat Spaßen keem mi frili op en Art vær, as wenn Hansohm sin groten Kedenhund los weer un mi fichel, dat weer jümmer twischen Umfalln, Opstahn un sik Wehrn gegen't Umbringn. Frili dę he nix, as dat he mi wat frag', wat mi in Verlegenheit sett, awer de Ton weer mi so gewalti darbi. „Fliti na Schol?" Antwort: Ja! „Heiders ward wol klöker as wi op'n Dörpen?" Antwort: Ik wuß nich. „Ok ordentli Ręken un Schriben lehrt?" Antwort: Ja! „So? Wenn nu de Tünn Roggn süßtein Mark gellt, wat kost denn en Veerschillingbrot?" Ja, dar sturm ik, denn ik dach ehrlich na un war eerst mit de Tid slau, un de Ol lach, dat keem mi hämisch vær, un Gesell un Burß lachen lud. Doch as ik segg, ik leet mi nich verdriben.

Ganz anners seeg de Warkstęd ut mitsams de Lüd, wenn ik mal to en Tid indrop, wo en „Brand" makt war. Denn weer de grote Platz ganz utrümt, alle Bręd vun de Latten un Pütt un Schütteln weg, dat man ropseeg ünnert Dack as op en Karkenbæn, de Eerdbarg verswunn un de Püttjerschiben uthakt sogar de Finstern wuschen un spölt. Denn weern en veer, fiv Löcker in'e Achterwand vun de Warkstęd apen kam, hell Fuer brenn darin, un slaperi legen Gesell un Burß darvær oder smeten Torfsoden mit aller Gewalt na'n achtern hinin.

Aus Klaus Groth:
Mien Jungsparadies

Töpfer-Denkmal in Tellingstedt.

bis etwa 1000 v. Chr.). In den Jahren 1885 und 1892 wurden beide Hügel geöffnet, dabei entdeckte man Spuren einer männlichen Bestattung mit einem Schwert, einer Lanzenspitze, zwei goldenen Armringen und Werkzeug, um Feuer zu machen.

Nicht weit davon entfernt, steht an der Straße nach **Schalkholz** ein **Sühnestein** von 1580. Solche Steine wurden im Mittelalter und auch noch in der frühen Neuzeit als Sühne nach einem Totschlag aufgestellt. Der Überlieferung nach soll an dieser Stelle ein Klaas Groth seinen Bruder erschlagen haben.

www.tellingstedt.de

Die Kirche

Der Feldsteinbau der **St.-Martins-Kirche** mit seinem eingezogenen Kastenchor ist umgeben von hohen Linden und alten Häusern; er stammt vermutlich aus dem 12. Jahrhundert. Schon im Jahr 1140 wurde Tellingstedt zum ersten Mal als Kirchdorf erwähnt. Aus der Frühzeit der Kirche erhalten ist das bronzene Taufbecken des 13. Jahrhunderts. Der Altar (1698) kam aus der 1744 abgebrochenen Garnisonskirche

Turm der St.-Martins-Kirche.

St.-Martins-Kirche.

in Tönning nach Tellingstedt. Eine Besonderheit ist die **Orgel von 1642**, sie ist das älteste noch spielbare Instrument in Schleswig-Holstein. Tobias Brunner baute sie nach dem Vorbild in der evangelischen Schlosskirche in Dresden. 1559 wurde die Kirche verlängert, und im 18. Jahrhundert durch ein Seitenschiff im Süden erweitert.

Entdecken und Erleben

In Tellingstedt endet der knapp 18 Kilometer lange **„Klaus-Groth-Wanderweg"** auf den Spuren des Dichters; Startpunkt ist die „Museumsinsel" Lüttenheid in Heide, Ziel das Töpferdenkmal. Die Route führt vorbei am Süderholmer Moor mit seinen durch den früheren Torfabbau entstandenen Wasserflächen, heute steht es unter Naturschutz.

Essen und Trinken

Kuchen und „kleine Schätze":
„Snövit Café"
Hauptstraße 20,
25782 Tellingstedt
www.snoevit-cafe.de

WESSELBUREN

Zwiebelturm als Wahrzeichen

Der markante Zwiebelturm der Wesselburener Kirche **St. Bartholomäus** ist in der flachen Marsch zwischen den Windrädern weithin sichtbar, er ist Wahrzeichen und Zentrum der idyllischen 3000-Einwohner-Stadt. Schon der Büsumer Pastor und Geschichtsschreiber Neocorus nannte Wesselburen um das Jahr 1600 herum einen „herrlichen prächtigen Flecken“. Im Jahr 1736 allerdings zerstörte ein großes Feuer rund ein Drittel des Ortes.

Zu den alten Gebäuden am Markt zählt die ehemalige **Kirchspielschreiberei** (Markt 2), die vermutlich 1737 errichtet wurde. An der Apotheke erinnert eine Tafel an Friedrich Jacob Merck. Der Stammvater der pharmazeutisch-chemischen Werke E. Merck besaß von 1665 bis 1668 die **Wesselburener Apotheke**, bevor er nach Darmstadt zog, bis heute Sitz des Unternehmens.

Wesselburens wohl bekanntester Sohn ist jedoch der Dramatiker **Christian Friedrich Hebbel** (1813–1863). Er ist überall in der Stadt präsent: Die ehemalige **Kirchspielvogtei** in der Österstraße (frühes 19. Jahrhundert) beherbergt das Hebbel-Museum, vor dem Kultur- und Kommunikationszentrum Hebbelhaus in der Süderstraße steht eine Büste des Dichters.

Auch ein **Wanderweg** rund um Wesselburen folgt Hebbels Spuren, an bestimmten Rast- und Ausblickpunkten erinnern Tafeln mit Gedichten an den Dichter.

Der **Marktplatz** vor der Kirche diente im 19. Jahrhundert zeitweilig auch als große Job-Vermittlungsstelle, auf der Erntehelfer und Gelegenheitsarbeiter ihre Dienste anboten. Die oft rauen Typen wurden **„Monarchen"** genannt – aber nicht, weil die Wanderarbeiter Könige der Landstraße gewesen wären. Der Begriff stammt aus dem Jiddischen und setzt sich zusammen aus den Worten „Makor" für Kamerad und „Nechor" für Fremdling.

Im Jahr 1281 wurde Wesselburen als „Wislincgeburin" („Zur Siedlung von Wesseln") zum ersten Mal erwähnt, aber wohl **um das Jahr 900** siedelten die ersten Bauern und Fischer auf mehreren kleineren Wurten, die später zur großen Dorfwurt mit der Kirche zusammenwuchsen. Vermutlich zur

Denkmal für den ersten Kohlbauern Eduard Lass.

Jahrtausenwende wurde der erste Ringdeich um Wesselburen aufgeschüttet.
Auf dem Weg zur **Nordsee-Badestelle** in Wesselburener Koog fahren Besucher an einem besonderen Zeugnis aus der Zeit vor der Eindeichung des Kooges im Jahr 1862 vorbei: „de Borg". Auf der höchsten Erhebung legten 1819 Bauern eine sogenannte **Ringdeichtränke** an. Der Deich sollte das Vieh vor sommerlichen Sturmfluten schützen, so dass die Tiere bis zum Herbst auf der Weide bleiben konnten, die drei Wasserstellen dienten als Tränke. Auf der eingedeichten Kreisfläche von 200 Metern Durchmesser konnten bis zu 1000 Rinder und Schafe Schutz finden.

Die Kirche

Das riesige Walmdach der Kirche **St. Bartholomäus** überspannt viele Jahrhunderte der Baugeschichte. An der Westwand des fast quadratischen Schiffs und im Chor sind noch Reste der romanischen Feldsteinkirche erhalten, an der Ostwand Spuren der jüngeren gotischen Hallenkirche. Nach dem großen Stadtbrand erhielt Baumeister Johann Georg Schott aus Heide den Auftrag zum Neubau des Gotteshauses, das seinen Namen dem Schutzpatron der Bauern und Fischer verdankt. Es gilt heute als eines der **Hauptwerke spätbarocker Kirchenarchitektur** im Land.

Die St.-Bartholomäus-Kirche.

Schott schuf eine Saalkirche mit einem hohen Raum und Emporen. Den Stumpf des romanischen Rundturms im Westen ließ er mit Backstein ummanteln, so dass er fast wie das Gegenstück zur Apsis im Osten wirkt. Geboren und aufgewachsen war Schott in Süddeutschland – daher wohl auch seine Vorliebe für das achteckige zwiebelbekrönte Türmchen.

Um vor 300 Jahren nach dem Großbrand überhaupt eine neue Kirche bauen zu können, waren die Wesselburener auf viele Spenden angewiesen. Unterstützt wurden sie dabei auch vom damaligen Landesherren, Herzog Carl Friedrich von Holstein-Gottorf. Die **blaue Fürstenloge** der Kirche wurde jedoch nur zur Einweihung ein einziges Mal benutzt.

Zu den besonderen Kunstschätzen des Gotteshauses gehört der barocke Altar mit einem Relief des Abendmahls, eine Kopie des im Zweiten Weltkrieg beschädigten Altars der Lübecker Marienkirche. Für seine Anschaffung legten mehrere Bauern der Umgebung damals ihr Geld zusammen. Den prunkvollen **Orgelprospekt** schuf 1740 der Glückstädter Orgelbauer Johann Hinrich Klapmeyer. Der Klang der heutigen Orgel orientiert sich am ursprünglichen Barock-Instrument.

Die Kanzel ist ein Werk des Wesselburener Bildhauers Albert Hinrich Burmeister und Spende eines Pastors. Aus der alten Kirche ist ein **Taufstein** mit Figuren und Fabelwesen aus der Zeit um 1200 erhalten geblieben, der von Kunsthistorikern als außergewöhnlich betrachtet wird.

www.kirche-wesselburen.de

„Roter Stuhl" in der Kirche: Reiche Bürger konnten sich dort Plätze kaufen.

Das Museum: Eines der schönsten Dichterhäuser

„Meine Jugend war eine Hölle, meine frischesten Jünglingsjahre musste ich auf der schnödesten Galeere unter dem Kommando eines vornehmelnden Philisters vergeuden und jetzt muss ich um jeden Fußbreit Existenz kämpfen", schrieb **Christian**

Hebbel-Museum in der alten Kirchspiel-Vogtei.

Friedrich Hebbel im März 1838 an seine langjährige Freundin, Gönnerin und Geliebte Elise Lensing. Als 14jähriger kam der in Wesselburen geborene, aus ärmlichsten Verhältnissen stammende Hebbel zunächst als Laufbursche in die **Kirchspielvogtei**, später führte er dort das Protokollbuch. Seinen kargen Schlafplatz unter der Bodentreppe musste er sich sogar noch mit dem Knecht teilen, immerhin aber durfte er die Bücher des (verhassten) Kirchspielvogts lesen.

Das Museum in der **Alten Kirchspielvogtei** zeichnet die Stationen von Hebbels Leben nach, das lange Zeit von Hunger und Armut geprägt war. Erst in Wien, nach seiner Hochzeit mit der Burgschauspielerin Christine Enghaus, kam er zu Ruhm und Ansehen. „Andre schaffen, damit sie das Leben sich sichern; dem Dichter muss es gesichert sein, eh' er zu schaffen vermag", vermerkte er in seinem Tagebuch. Ab 1845 bis zu seinem Tod im Jahr 1863 lebte er in der österreichischen Hauptstadt.

Das Museum besitzt mit 6000 Werken die weltweit größte Spezialbibliothek zu Hebbel. Zu seinen bekanntesten Werken zählen die Dramen „Maria Magdalena", die „Nibelungen", „Herodes und Mariamne" sowie „Agnes Bernauer". Gern wäre Hebbel nach Weimar gegangen, heute wird zumindest ein Teil seines Nachlasses im dortigen Goethe- und Schiller-Archiv aufbewahrt.

Alte Kirchspielschreiberei am Markt.

Das mächtige „Kohlosseum"

In der Kirchspielvogtei, die heute als **eines der schönsten Dichterhäuser Deutschlands** gilt, kann man übrigens auch heiraten.
Österstraße 6
25764 Wesselburen
www.wesselburen.de

Das Kohlosseum: Ein Museum für den Kohl

Das rote Backsteingebäude hat eine wechselvolle Geschichte hinter sich: Errichtet wurde es im Jahr 1865 für die Produktion von Zucker aus Rüben. Als sich Dithmarschen nach und nach zum größten zusammenhängenden Kohlanbaugebiet Deutschlands entwickelte, wurde in der Fabrik ab 1915 stattdessen Sauerkraut hergestellt, 1995 lief die letzte Konservendose vom Band. Heute beherbergt das Gebäude ein Museum, eine „Krautwerkstatt", in der Weißkohl nach den unterschiedlichsten, darunter auch koreanischen, Rezepten hergestellt wird.
Vor dem Kohlosseum erinnert ein Denkmal an den **Wesselburener Gärtner Eduard Lass**. Er gehörte im Jahr 1889 zu den ersten, die versuchsweise in Dithmarschen Kohl anbauten.
Bahnhofstraße 20, 25764 Wesselburen
www.kohlosseum.de

Das Eidersperrwerk

Es ist eines der größten Küstenschutzwerke Europas. Seit fast 50 Jahren sorgen die fünf riesigen Doppeltore sechs Kilometer nördlich von Wesselburen für einen kontrollierten Wasserdurchlauf. Bei Sturmfluten können sie zum Schutz des Hinterlandes geschlossen werden. Eine 25 Meter lange Schleuse regelt den Schiffsverkehr zwischen dem Purrenstrom genannten Mündungstrichter der Eider und der Nordsee. Der Autoverkehr wird durch einen Tunnel geleitet. Nach der verheerenden Sturmflut von 1962 begannen die ersten Planungen, von 1967 bis 1973 wurde gebaut. Seitdem hat sich das Sperrwerk in mehr als 60, zum Teil schweren Sturmfluten bewährt. Auf der Nordseite entstand das Naturschutzgebiet **„Katinger Watt"**, auf dem Dithmarscher Ufer das **„Dithmarscher Eiderwatt"**.
Auf der Südseite des Sperrwerks wurde ein Aussichtspavillon eingerichtet. Im Sommer finden regelmäßig Führungen statt.
www.echt-dithmarschen.de
www.wsa-toenning.wsv.de

Entdecken und Erleben

Von Wesselburen aus werden mehrere **Wattwanderungen** mit erfahrenen Wattführern angeboten: Unter anderem Richtung Eidermündung (zwei Stunden) oder auch die große Wattwanderung „Isern Hinnerk" (zwölf Kilometer). Ein Ganztagesausflug (sieben Stunden) für Menschen mit

Das 1973 fertiggestellte Eidersperrwerk.

Kondition ist die Wanderung zum sieben Kilometer vor der Küste liegenden „Blauortsand" (insgesamt ca. 20 Kilometer).
www.watterleben.de

Essen und Trinken

Ulmenklause
Am Mark 4, 25764 Wesselburen
www.ulmenklause.de

In einer ehemaligen Schmiede kurz vor dem Eidersperrwerk: **Koog Café**
Dammstraße 20,
25764 Wesselburenerkoog

Tourist-Information
Tourismusverein Wesselburen und Umland e. V.
Am Markt 5, 25764 Wesselburen
www.wesselburen-ferien.de

Umgebung

Spuren einer der ältesten Siedlungen in der Marsch entdeckten Archäologen in den 1990er Jahren in **Tiebensee** in der Gemeinde Neuenkirchen. Schon in den ersten beiden Jahrhunderten nach Christus hatten sich Menschen dort niedergelassen, und offenbar schütteten sie damals zunächst keine Warften auf. Die **Kirche St. Jacobi** wurde 1341 erstmals erwähnt, nach zwei verheerenden Bränden wurde sie im Jahr 1730 neu erbaut.

Schülp, eines von drei Dörfern gleichen Namens in Schleswig-Holstein, ist das **Dithmarscher Blumendorf.** Im Jahr 1886

Erste Eisenbahnbrücke über die Eider bei Neuensiel.

setzte der aus Kiel stammende junge Gärtner Hans Diener die ersten Begonien in den Schülper Marschboden, und daraus entwickelte sich im Laufe der Jahre die Blumenzucht als buchstäblich blühender Wirtschaftszweig, Kohl wurde für viele Bauern später zum zweiten Standbein.

Einst kleiner Hafen für den Getreideumschlag, heute Yachthafen inmitten eines Naturschutzgebiets, das ist der 1600 angelegte Hafen **Schülperneuensiel**.

Entdecken und Erleben

Das **„Weiße Moor"** zwischen **Neuenkirchen** und Stelle-Wittenwurth westlich der B5 ist das letzte erhaltene Hochmoorgebiet in der Marsch und steht unter Naturschutz. Von einem Aussichtsturm am Südrand haben Besucher einen Blick auf das Moor. Seinen Namen verdankt es den Weißtorf genannten oberen Moor-Schichten im Unterschied zum älteren Schwarztorf.

„SUPERFOOD" AUS DITHMARSCHEN

Jeder Deutsche könnte im Jahr einen Dithmarscher Kohlkopf essen – jedenfalls statistisch gesehen. Das fruchtbare Marschland an der Westküste Schleswig-Holsteins ist das größte zusammenhängende Kohlanbaugebiet Deutschlands. Dort werden mehr als 80 Millionen Köpfe Weißkohl, Rotkohl, Wirsing oder Grünkohl geerntet, außerdem aber auch Chinakohl und Brokkoli. Doch seit Wilhelm Busch die „Witwe Bolte" und ihre Vorliebe für Sauerkohl berühmt machte („wofür sie besonders schwärmt, wenn er wieder aufgewärmt"), hat sich das Image gründlich gewandelt. Kohl gilt inzwischen ganz und gar nicht mehr als altmodisch und langweilig, sondern im Gegenteil als modernes **„Superfood"** – vitamin- und mineralstoffreich. Beliebt sind auch die exotischen Varianten wie das koreanische „Kimchi".

Auslöser für den Boom des Kohlanbaus vor mehr als hundert Jahren war die Industrialisierung am Ende des 19. Jahrhunderts. Die Menschen in den wachsenden Industriestädten hatten keine Zeit und keine Möglichkeit mehr für den eigenen Gemüseanbau. Statt selbst den Weißkohl zu schnippeln und zu hobeln, um ihn für den Gärprozeß durch Milchsäurebakterien einzulegen, kauften sie jetzt fertiges Sauerkraut.

Dithmarscher Kohl in allen Farben …

Der Wesselburener **Gärtner Eduard Lass** (1859–1924) begann um 1889 als erster mit dem Anbau von Kohl – und zwar so erfolgreich, dass bis 1913 die Anbaufläche von drei auf 2100 Hektar anstieg. Eine wesentliche Voraussetzung für den Erfolg: Die Qualität der Dithmarscher Böden und ihre Fähigkeit, Regenwasser lange zu speichern. Der Seewind sorgt außerdem zuverlässig dafür, dass sich weniger Schädlinge im jungen Kohl festsetzen können.

Wichtig war aber auch eine zweite Voraussetzung: **Eisenbahnlinien** für den Transport. Denn angebaut wurde der Kohl zwar in Dithmarschen, als Sauerkraut verzehrt aber meist in anderen Regionen Deutschlands. Per Bahn musste er an die Fabriken im Süden Deutschlands geliefert werden. 1878 war die Strecke von Hamburg nach Itzehoe bis Heide verlängert worden, Zweigbahnen wie die nach Büsum folgten um 1880.

Vor allem nach trockenen Sommern war Dithmarscher Kohl trotz der langen Transportwege gefragt und deshalb ein gutes Geschäft. Denn aufgrund der besonderen

... und in allen Sortierungen.

Bodenverhältnisse erzielten die Dithmarscher Bauern immer noch gute Ernten, wenn im Süden Deutschlands der Kohl nur spärlich wachsen konnte. 1861 entstand am Rhein Deutschlands erste Sauerkrautfabrik, 1898 folgten in Reinsbüttel und 1918 in Marne zwei Unternehmen in Dithmarschen selbst, und im Jahr 1909 wurde die bisherige Zuckerfabrik in Wesselburen für die Kohlverarbeitung umgebaut.

Einen absoluten Boom erlebte der Kohlanbau während des **Ersten Weltkriegs**, als Deutschland von Nahrungsmittelimporten weitgehend abgeschnitten war. In Dithmarschen wurde damals auf fast 10.000 Hektar Kohl geerntet. Danach folgten Krisen durch Überproduktion und eine notwendige, oft schmerzhafte Umstellung des Produktionsprozesses.

Heute bauen rund 170 Betriebe in Dithmarschen mit modernen Methoden auf etwa 3000 Hektar unterschiedliche Kohlsorten an. **Kohlpflanzmaschinen** ersetzen dabei die mühsame Handarbeit, und in speziellen Großkisten wird die Ernte direkt vom Feld in die eigens entwickelten **Kühlscheunen** gebracht, die den empfindlichen Kohl bis zu neun Monate lang knackig halten.

Einmal im Jahr feiert Dithmarschen seinen Kohl. Die traditionelle Eröffnung der **Kohltage** bildet der „Kohlanschnitt" auf einem Bauernhof. Anschließend wird eine Woche lang von Wesselburen, Lunden und Meldorf bis Brunsbüttel gefeiert, zum Beispiel mit Krauthobel-Meisterschaften (in Marne) und der längsten Kohltafel der Welt (in Brunsbüttel).

Informationen zum Thema Kohl bietet – unabhängig von den Kohltagen – das **„Kohlosseum"** in Wesselburen mit seiner Krautwerkstatt, in der gezeigt wird, wie aus Kohl Sauerkraut wird und was man aus Dithmarscher Kohl sonst noch alles machen kann.

Auch im **Schleswig-Holsteinischen Landwirtschaftsmuseum** in Meldorf, das den Wandel der Landwirtschaft im Land dokumentiert, ist ein Kapitel der Ausstellung dem Dithmarscher Kohlanbau gewidmet. Dort sind unter anderem vier mehr als hundert Jahre alte Gärbottiche der 1984 stillgelegten Marner Sauerkrautfabrik erhalten. Die Holzfässer mit 3,30 Meter Durchmesser und vier Zentimeter dicken Wänden wurden damals aus Chemnitz nach Marne geliefert.

www.kohltage-dithmarschen.de
www.echt-dithmarschen.de
www.kohlosseum.de
www.landwirtschaftsmuseum-schleswig-holstein.de

WÖHRDEN

Geschichtsträchtig: Dithmarschens höchste Wurt

Auf einer der ältesten Wurten der Marsch erhebt sich Wöhrden. Vielleicht schon um das Jahr 800 ließen sich die ersten Bewohner dicht an der Nordsee nieder, urkundlich erwähnt wurde der Ort „Zu den Wurten" als eigenständiges Kirchspiel zum ersten Mal allerdings erst im Jahr 1281, als die Dithmarscher ein Partnerschaftsabkommen mit der Hansestadt Hamburg schlossen.

Alle Straßen führen zur barocken **Nicolaikirche** auf der mit 6,20 Meter höchsten Wurt Dithmarschens. Umgeben ist das Gotteshaus von einer Reihe schöner alter Häuser, die an Wöhrdens große Zeit als Hafenort mit eigenem Marktrecht erinnern. An der Ecke der Hafenstraße liegt das **Materialienhaus**, das in Teilen noch aus dem Jahr 1519 stammt. Das **Haus Peters** daneben mit seinen Rokokoformen stammt aus dem Jahr 1778. Den Gasthof „Oldenwöhrden" (nach dem alten Ortsnamen von Wöhrden) schmückt ein Sandsteinportal von 1634. Am Ortseingang erhebt sich die **Windmühle „Germania"** von 1847; sie wird heute als Wohnung genutzt.

Die **Hafenstraße** ist heute eine Sackgasse. Mit der Eindeichung des Bütteler Kooges im Jahr 1601 und dann noch einmal im Jahr 1845 musste der Hafen nach Westen verlegt werden. Und mit dem Bau des Speicherkoogs 1978 wurde Wöhrden endgültig der Zugang zur See abgeschnitten, der Wöhrdener Hafenstrom endet jetzt im Miele-Speicherbecken.

Mehrfach spielte der Ort eine wichtige Rolle in der Dithmarscher Geschichte. Nach der siegreichen **Schlacht vom Hemmingstedt** im Jahr 1500 wurde die erbeutete dänische Nationalflagge, der Danebrog, in der Kirche ausgestellt – allerdings nur bis zur Niederlage in der „letzten Fehde" im Jahr 1559.

In der jüngeren Vergangenheit machte Wöhrden Schlagzeilen, als sich mehrere hundert KPD-Mitglieder und SA-Männer am 7. März 1929 eine Straßenschlacht lieferten, bei der ein Kommunist und zwei Nationalsozialisten ums Leben kamen – was von der NS-Propaganda weidlich ausgenutzt und zur „Blutnacht von Wöhrden" stilisiert wurde.

Durch den alten Kern der kleinen Gemeinde (1300 Einwohner) führt der **Wöhrdener Kulturpfad**, im Internet unter:
www.kulturpfad-woehrden.de
www.woehrden.de

Die Kirche

Die spätbarocke **Saalkirche** auf dem höchsten Punkt der Wöhrdener Wurt ist vermutlich das dritte dort errichtete Gotteshaus. Die erste Kirche entstand wohl zwischen 1140 und 1281. Als jedoch am 8. September 1319 **Graf Gerhard von Hol-**

Die spätbarocke Saalkirche.

stein, der in Dithmarschen eingefallen war, auch Wöhrden erreichte, wurde sie in Brand gesetzt. Die verzweifelten Verteidiger hatten sich in die Kirche geflüchtet und baten nun die Jungfrau Maria um Hilfe. Sollten sie mit dem Leben davonkommen, versprachen sie den Bau einer neuen Kirche, so jedenfalls die Überlieferung.

In letzter Not stürmten die Dithmarscher aus dem Gebäude und schlugen tatsächlich den überraschten Feind in die Flucht. Als **Siegeskirche** wurde das eigentlich nach **St. Nicolai**, dem Schutzpatron der Seeleute, benannte Gotteshaus deshalb oft auch bezeichnet.

Die zweite Wöhrdener Kirche, eine spätgotische Hallenkirche, wurde wegen Baufälligkeit abgerissen. Den Nachfolgebau errichtete von 1786 bis 1789 der aus Thüringen stammende und später in Hamburg lebende Tischler und Baumeister **Johann August Rothe** (1734–1801), der auch für den Innenausbau von Schloss Ahrensburg verantwortlich war. Der Turm musste allerdings 1956/57 erneuert werden. Über den Eingängen erinnern in den Dreiecksgiebeln Monogramme an den damaligen Landesherren, den dänischen König Christian VII.

Zu der einheitlich vom Stil der Erbauungszeit geprägten Innenausstattung der Kir-

Das Materialienhaus von 1519.

Eingang zum Materialienhaus.

che gehört der spätbarocke Altar, der zugleich als Kanzel dient, 1788 ebenfalls von Rothe geschaffen. Das Alabasterrelief (1613) unter der Kanzel mit einer Darstellung des Abendmahls stammt aus der Vorgängerkirche. Auffällig ist ein schwebender Taufengel, 1788 vom Bildhauer Hans Holtmeyer aus Wewelsfleth geschnitzt.

Die historische Orgel der Kirche geht auf ein Instrument zurück, das im Jahr 1593 vom Orgelbauer Anthonius Wilde unter Verwendung von noch älterem Material erbaut wurde.

Malerische Haustür des Petershofs.

Essen und Trinken

Seit mehr als hundert Jahren in Familienbesitz:

Gasthof Oldenwöhrden.

Große Straße 17, 25797 Wöhrden

www.oldenwoehrden.de

ABSTECHER

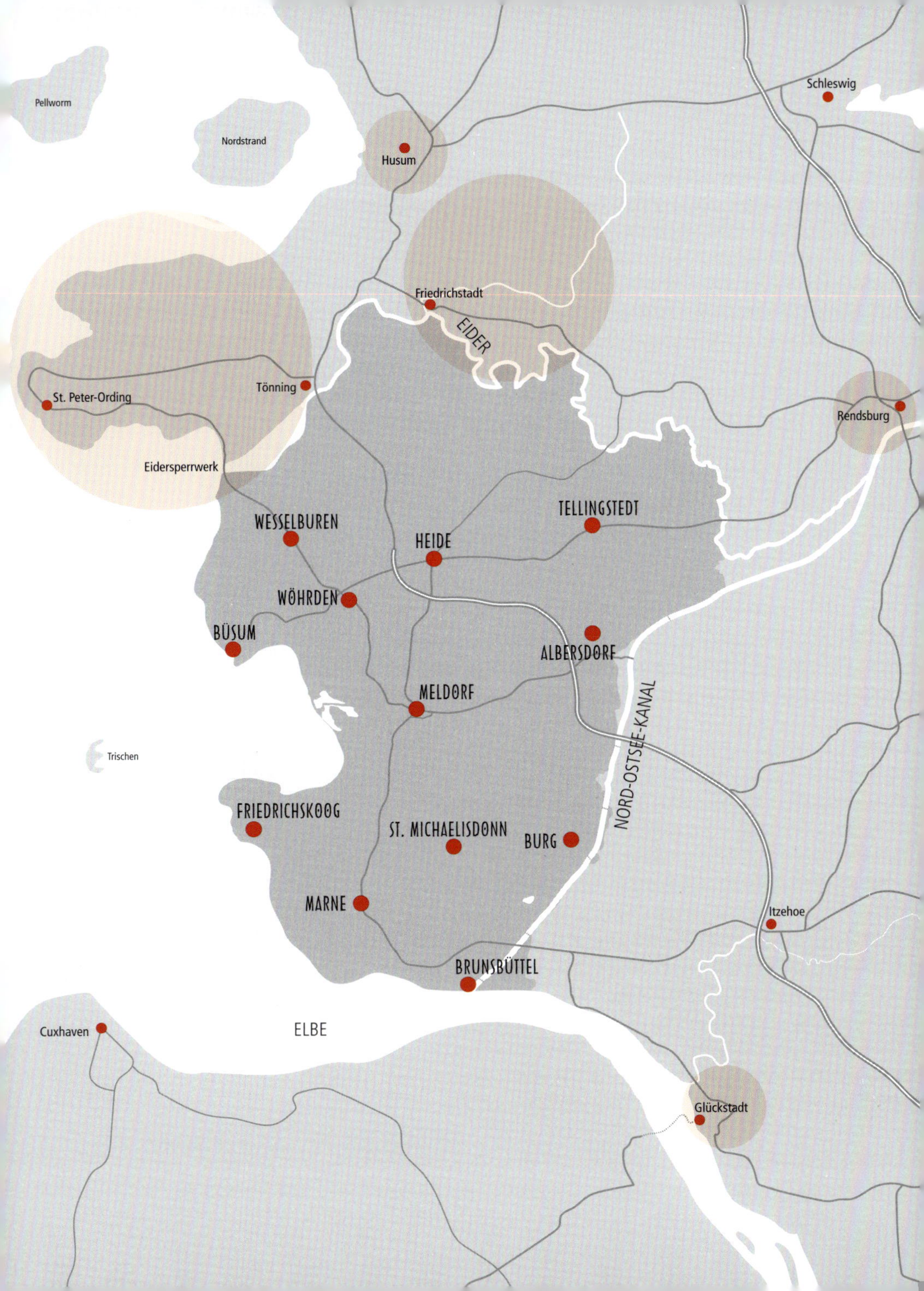

Pellworm
Nordstrand
Husum
Schleswig
Friedrichstadt
EIDER
Tönning
St. Peter-Ording
Eidersperrwerk
Rendsburg
TELLINGSTEDT
WESSELBUREN
HEIDE
WÖHRDEN
BÜSUM
ALBERSDORF
MELDORF
NORD-OSTSEE-KANAL
Trischen
FRIEDRICHSKOOG
ST. MICHAELISDONN
BURG
MARNE
Itzehoe
BRUNSBÜTTEL
Cuxhaven
ELBE
Glückstadt

EIDERSTEDT

Weiße Strände, grünes Binnenland

Die Halbinsel Eiderstedt hat viele Facetten. Im Westen liegen die weiten Strände und die charakteristischen Pfahlbauten von St. Peter-Ording, an der Eidermündung die Stadt Tönning mit ihrem historischen Hafen. Im Süden bewahrt seit 1973 das Eidersperrwerk das Hinterland vor Sturmfluten. Im Norden begrenzt der Heverstrom die Halbinsel. Das grüne Innere ist geprägt von alten Dörfern und 18 Kirchen, viele aus dem Mittelalter. Sie stellen das ganz besondere Kulturerbe Eiderstedts dar.

Der Leuchtturm in Westerhever.

Zwischen dem 8. und dem 11. Jahrhundert wanderten die ersten Friesen ein. Die Siedlungen an der Eider profitierten vor allem vom Warenaustausch zwischen dem Niederrhein und dem wikingerzeitlichen Handelszentrum Haithabu an der Schlei.

Im 16. Jahrhundert, dem Zeitalter der Glaubenskriege, wurde Eiderstedt erneut von niederländischen Einwanderern besiedelt. Die Flüchtlinge brachten unter anderem ihre Bautraditionen mit in die neue Heimat, so zum Beispiel den Haubarg, der unter einem riesigen Reetdach Stall- und Wohnteil vereint. 40 von ehemals 450 Haubargen sind noch erhalten. Der bekannteste ist der weiß verputzte „Rote Haubarg" (Baujahr 1647) in Witzwort, zu dem auch ein Museum gehört. Bis zu einem Feuer im 18. Jahrhundert hatte der Haubarg ein rotes Ziegeldach, daher der Name.

Auch ihr Deichbau-Wissen nahmen die Flüchtlinge mit. So wuchsen die „Dreilanden" aus Eiderstedt, Everschop und Utholm durch Deichbau- und Entwässerungsmaßnahmen 1613 zu einer Halbinsel zusammen. „Deus mare, Friso litora fecit" – „Gott schuf das Meer, der Friese die Küste", heißt es in einem alten Spruch.

Wahrzeichen der 30 Kilometer langen Halbinsel ist Deutschlands bekanntester Leuchtturm: der inmitten von Salzwiesen stehende und mehr als hundert Jahre alte rot-weiße Turm von Westerheversand. Von Ostern bis Oktober kann er besichtigt werden, zu erreichen ist das Leuchtfeuer nur zu Fuß oder mit dem Fahrrad.

Essen und Trinken
Roter Haubarg
Sand 5,
25889 Witzwort
www.roterhaubarg.de

Der „Rote Haubarg" in Witzwort.

ST. PETER-ORDING

Vom Armenhaus zum Urlaubsparadies

Der feste Sandboden ist ideal – die große Sandbank vor St. Peter-Ording ist ein Paradies für Strandsegler und Kitebuggy-Fahrer. Bei gutem Wind erreichen die Segler auf drei Rädern dort Geschwindigkeiten bis zu 130 Stundenkilometer. Der zwölf Kilometer lange und zwei Kilometer breite Strand bietet Platz für alle und für viele Möglichkeiten. Typisch für St. Peter-Ording sind die 13 Pfahlbauten, die sieben Meter hoch über der Nordsee thronen, fünf von ihnen beherbergen Strandrestaurants.

St. Peter war über viele Jahrhunderte das Armenhaus der reichen Halbinsel Eiderstedt. Denn Strand und karge Dünen brachten den Bauern keinen Ertrag. Das änderte sich erst, als die „Sommerfrische" modern wurde und ab 1838 die ersten Urlauber kamen. Seit der Entdeckung der Schwefelquelle im Jahr 1957, eine der fünf stärksten Quellen in Deutschland, darf sich St. Peter-Ording Nordseeheil- und Schwefelbad nennen.

Einmalig in Schleswig-Holstein: In den Ortsteilen Böhl und Ording darf direkt auf dem Strand geparkt werden. Allerdings gelten dabei strenge Regeln.
www.st-peter-ording.de
www.spo-eiderstedt.de

Das „Museum Landschaft Eiderstedt" in St. Peter-Dorf.

Die Kirchen

Die Kirche St. Peter zählt zu den drei Hauptkirchen von Utholm, der westlichsten der drei Inseln, aus denen Eiderstedt zusammenwuchs. Der heutige Kirchenbau umfasst ein gotisches Kirchenschiff mit einer Westverlängerung des 19. Jahrhunderts, spätromanische Elemente am Ostende des Kirchenschiffs und einen Chorteil wohl des frühen 13. Jahrhunderts. Zu den herausragenden Kunstschätzen zählt der spätgotische Schnitzaltar der Zeit um 1480.
Olsdorfer Straße, 25826 St. Peter-Ording
Mit dem Baujahr 1724 gehört die Barockkirche St. Nikolai in Ording unmittelbar am Deich zu den jüngeren Eiderstedter Kirchen. Zu ihren Besonderheiten gehört die Holzdecke mit einer Bemalung aus dem Jahr 1758.
Utholmer Straße 4,
25826 St. Peter-Ording

Das Museum

In einem 1752 erbauten Eiderstedter Haus ist das Museum beheimatet. Eines der ungewöhnlichsten Exponate ist ein mittelalterlicher Henkelkrug aus dem maurischen Spanien, der 1931 im Watt am Brunnenloch einer untergegangenen Warft gefunden wurde. Aus dem Jahr 1512 stammt das Uhrwerk der Gardinger Kirche, es ist damit eines der ältesten Großräderuhrwerke im deutschsprachigen Raum überhaupt.
Museum Landschaft Eiderstedt
Olsdorfer Str. 6, 25826 St. Peter-Ording
www.museum-landschaft-eiderstedt.de

Entdecken und Erleben

Der Westküstenpark mit der Seehundanlage ist ein weitläufiger, naturnaher Tierpark mit mehr als 800 Haus- und Wildtieren sowie einem Streichelzoo für Kinder.
Wohldweg 6, 25826
Sankt Peter-Ording-Böhl
www.westküstenpark.de

Das private Bernsteinmuseum (Dorfstraße 15) hat sich in 60 Jahren von einem privaten Hobby zum Museum mit einer Bernsteinschleiferei entwickelt; im Sommer mit Kursen für Kinder.
www.nordsee-bernsteinmuseum.de

Essen und Trinken

Die fünf Pfahlbau-Restaurants:

- Strandbar **54° Nord**, Strandweg, Ording
- Strandcafé **Silbermöwe**, Ording
- Restaurant **Arche Noah**, An der Seebrücke
- Strandhütte **Axels Restaurant**, Am Südstrand
- **Salt & Silver** (ehemals Seekiste) in Böhl

An der Seebrücke:
Gosch
Buhne 1, 25826 St. Peter-Ording
www.gosch.de

Typisch St. Peter – Pfahlbauten am Strand.

Kirche St. Christian in Garding.

Auf der Halbinsel unterwegs

Die kleine Stadt Garding mit nicht einmal 3000 Einwohnern ist der alte Hauptort der Halbinsel. Zu Beginn des 12. Jahrhunderts entstand die erste Kirche auf dem höchsten Punkt Eiderstedts. Der Turm diente auch der Orientierung der Seeleute. Heutigen Besuchern präsentiert sich die St.-Christians-Kirche als gotisch umgestaltetes zweischiffiges Gotteshaus, einmalig in Norddeutschland, und mit einer reichen Ausstattung. Eine kostbare Seltenheit ist der Orgelprospekt von 1512, die Kanzel von 1596 ist die älteste auf Eiderstedt.

Im ehemaligen Pastorat (Am Markt 6) erblickte 1817 der erste deutsche Nobelpreisträger Theodor Mommsen das Licht der Welt. Bis heute gilt der durch seine Forschungen zur Geschichte Roms berühmt gewordene Wissenschaftler als bedeutender Altertumsforscher. Für sein Hauptwerk, die „Römische Geschichte" erhielt er im Jahr 1902, ein Jahr vor seinem Tod, den Nobelpreis für Literatur.

Als Verbindung vom (heute zugeschütteten) Hafen von Garding zur Eidermündung wurde 1612 die Süderbootfahrt nach Katingsiel angelegt. Die Norderbootfahrt verband zur gleichen Zeit Tetenbüll mit Tönning. Bis zum Ausbau von Eisenbahn und Straßen ermöglichten die beiden schmalen Wasserstraßen den Transport landwirtschaftlicher Produkte vom Hinterland an die Küste.

Das Theodor-Mommsen-Haus in Garding.

Einziges Herrenhaus auf Eiderstedt ist das Gutshaus von Hoyerswort bei Oldenswort. Erbaut wurde es zwischen 1580 und 1594 vom Staller (dem obersten herzoglichen Verwaltungsbeamten) Caspar Hoyer. Das Herrenhaus mit Keramikwerkstatt und Café kann besichtigt werden.
www.hoyerswort.de

Katharinenheerd ist eng mit der Geschichte von Martje Flohr verbunden. Als im Jahre 1700 während des Großen Nordischen Kriegs betrunkene schwedische Soldaten auf einem Hof randalierten, sollen sie die damals zehnjährige Tochter Martje ihres Wirts gezwungen haben, einen Trinkspruch auszubringen. „Et gah uns wol up unse olen dage!" hat das Kind mit todernstem Gesicht daraufhin gesagt, jedenfalls der Sage nach. Sowohl der Name des Mädchens wie der Trinkspruch sind bis heute unvergessen.

Als sich 1764 der Eiderstedter Ratmann Matthias Eberhard Lorentzen einen Haubarg bauen ließ, legte er gleichzeitig einen Barockgarten an, dessen Strukturen heute noch zu erahnen sind. Der **Hochdorfer Garten** in Tating mit seinen seltenen alten Bäumen steht heute unter Denkmalschutz. Als Sommerhaus wurde 1873 ein „Schweizerhaus" (heute Café) errichtet.
www.hochdorfer-garten.de

Unter Archäologen ist der Name Tating europaweit bekannt. Bei Ausgrabungen auf einem frühmittelalterlichen Urnenfriedhof wurde im Jahr 1905 eine 23 Zentimeter hohe Kanne aus Keramik gefunden, die als Urne genutzt worden war. Hergestellt wurden die schwarzen Tongefäße im Rheinland oder an der unteren Maas, aber benannt nach dem ersten Fundort in Tating.

Das Herrenhaus „Hoyerswort" bei Oldenswort.

Der „Hochdorfer Garten" in Tating.

In der frühen Wikingerzeit bis ins 9. Jahrhundert hinein waren Tatinger Kannen eine begehrte Handelsware.

Nur 200 Einwohner hat Welt, das Dorf mit dem großen Namen. Er ist vermutlich abgeleitet von „Wehle". Damit werden Teiche hinter dem Deich bezeichnet, die durch Deichbrüche bei großen Sturmfluten entstehen.

Die Kirchen

Auf eine hölzerne Kapelle von 1103 geht das älteste Gotteshaus zurück, die St.-Magnus-Kirche von Tating. Der jetzige langgestreckte Backsteinbau stammt zum Teil aus der ersten Hälfte des 13. Jahrhunderts, unter den gotischen Mauern verbergen sich Teile des romanischen Kirchenschiffs, der hohe Barockturm wurde 1661 angefügt. Zum dreiteiligen spätgotischen Schnitzaltar gehören auf den Außenflügeln Gemälde aus dem 15. Jahrhundert.

Die St.-Magnus-Kirche in Tating.

An der Außenwand der Kirche von Katharinenheerd (1113) erinnert ein Relief an Martje Flohr. Im Inneren steht eine Reiterfigur des heiligen Georg (15. Jahrhundert)
Bekannt für ihre Deckenmalereien ist die Kirche von Tetenbüll. Weil viele Menschen früher weder lesen noch schreiben konnten, wurden 1742 insgesamt15 Deckenfelder mit biblischen Geschichten an die Decke gemalt; 30 Szenen aus dem Leben Jesu und aus der Apostelgeschichte.
Auch die Kirchen von Oldenswort (Gemäldeflügelaltar von 1582), Osterhever, Poppenbüll, Vollerwiek und Welt gehen auf romanische Gründungen zurück. In Poppenbüll, Welt und Oldenswort schufen der Niederländer Martens van Achten oder sein Verwandter Govert van Achten die Altäre.
Im Sommer sind Eiderstedts Kirchen tagsüber geöffnet.

Entdecken und Erleben

Der liebevoll restaurierte Kolonialwarenladen aus dem Jahr 1820 im Haus Peters in Tetenbüll ist Museum und Verkaufsstätte zugleich, in den übrigen Räumen des 1765 gebauten Hauses finden regelmäßig Sonderaustellungen statt.
Dörpstraat 16, 25882 Tetenbüll
www.hauspeters.info

TÖNNING

Hafenstadt mit Geschichte

Die Entwicklung der 5000-Einwohner-Stadt ist eng mit dem Hafen verknüpft. Besonders lebhaft muss es zu Beginn des 19. Jahrhunderts zugegangen sein. Während der Kontinentalsperre Napoleons wurde zwischen 1803 bis 1807 der gesamte Hamburger Handel über Tönning abgewickelt – und zuvor teilweise durch Dithmarschen transportiert.

Im Jahr 1613 wurde der Hafen angelegt. Weizen und Käse waren zunächst die Hauptexport-Artikel, denn die Käse-Produktion war eine Spezialität der holländischen Einwanderer. Im 19. Jahrhundert kam der Export von Schlachtvieh ins hochindustrialisierte England hinzu.

Das Packhaus (1783) erinnert an die Zeit des Schleswig-Holsteinischen Kanals, später Eiderkanal genannt. Ab 1784 verband er als Vorläufer des Nord-Ostsee-Kanals zum ersten Mal Ost- und Nordsee. Die als technische Meisterleistung ihrer Zeit hochgelobte Wasserstraße war zwischen Kiel und Rendsburg zum großen Teil neu gegraben worden, ab Rendsburg folgte sie der streckenweise begradigten Eider. Die Gesellschaft für Tönninger Stadtgeschichte zeigt im Packhaus eine Ausstellung über die Entwick-

Das Packhaus von 1783 in Tönning.

lung des Ortes angefangen von der Wikingerzeit.
Heute ist der historische Hafen ein beschauliches Idyll, eingerahmt von einer Reihe Häuser aus dem 18. Jahrhundert. 375 Jahre lang wurden auf der 1749 gegründeten Bootswerft Dawartz Holzschiffe gebaut oder repariert, jetzt ist ein Bistro in die ehemalige Werfthalle eingezogen, statt nach Holz riecht es nach Kaffee.
Im Schifferhaus von 1625, heute als „Skipperhuset" Schullandheim der dänischen Minderheit, war ab 1799 die erste private Navigationsschule beheimatet, gegründet von dem Föhrer Hinrich Brarens.

Die St.-Laurentius-Kirche.

Kirche

Der hohe Barockturm der Kirche lässt kaum vermuten, dass der Grundstein für die St.-Laurentius-Kirche bereits im Jahr 1166 gelegt wurde. Zwischen dem 16. und dem 18. Jahrhundert in den Zeiten des größten Tönninger Wohlstands wurde die Kirche grundlegend verändert. Im Jahr 1704 wurde die Decke mit großzügigen Malereien ausgeschmückt. Acht Meter hoch ist der manieristische Gemäldealtar von 1634, der 1740/41 noch erweitert wurde. Die Kanzel (1703) wird zu den schönste Barockkanzeln des Landes gerechnet. Von Jürgen Ovens stammen ein Bild der Heiligen Familie und ein Selbstporträt. Der gebürtige Tönninger (1623–1678), der sich später in Friedrichstadt niederließ, war Gottorfer Hofmaler, lebte zeitweilig auch in Amsterdam und wird dem Rembrandt-Kreis zugerechnet.
www.eiderstedter-kultursaison.de

Multimar Wattforum

Über die Nordsee und den Lebensraum Wattenmeer informiert anschaulich und unterhaltsam das Multimar Wattforum. Zur Ausstellung gehören Simulationen von Ebbe und Flut sowie einer Brandungszone; zahlreiche Aquarien und das 17,5 Meter lange Skelett eines Pottwals. Sieben Meter tief ist das Großaquarium für die größten Fische der Nordsee. Das an Schiffsarchitek-

tur erinnernde Gebäude an der Eider in Tönning wurde 1999 errichtet.
Am Robbenberg, 25832 Tönning,
www.multimar-wattforum.de

Entdecken und Erleben

Sowohl ab Tönning wie ab dem Eidersperrwerk werden Schiffsausflüge angeboten. Es geht zu den Seehundsbänken im Watt oder auf der Eider bis Friedrichstadt und Rendsburg.
www.adler-schiffe.de

Essen und Trinken

Traditionsreich: Restaurant zum
Goldenen Anker
Am Hafen 32, 25832 Tönning
www.hotel-goldener-anker.de

Hotel **Godewind**
Am Hafen 23, 25832 Tönning
www. hotel-godewind.info

Weingarten am Schlosspark
Herrengraben 8, 25832 Tönning
www.weingartenamschlosspark.de

Seit 1668 in Katingsiel an der Süderbootfahrt: die **Schankwirtschaft Wilhelm Andresen** mit denkmalgeschützter Kachelstube und Interieur des 19. Jahrhunderts.
Katingsiel 4, 25832 Tönning
www.schankwirtschaft-andresen.de

Ein Pottwalmodell im „Multimar Wattforum".

Tourist-Information
Tourist- und Freizeitbetriebe Tönning
Am Markt 2, 25832 Tönning
www.toenning.de

UMGEBUNG

Koldenbüttel

Östlichste Gemeinde Eiderstedts ist Koldenbüttel vor den Toren Friedrichstadts. Die St.-Leonhard-Kirche (um 1200) mit dem ältesten erhaltenen Holzkirchturm Schleswig-Holsteins (Baujahr 1461) deutet auf das Alter der Siedlung in der Marsch von Eider und Treene, die bis heute viele Reetdachhäuser besitzt. Sehenswert: Die Skulpturen des Künstlers Lothar Frieling. Darunter ist auch die Figur eines „Klootstockspringers", der an einem langen Stock über einen Graben springt – früher typisch für Dithmarschen, aber auch für Eiderstedt.

ÜBER DIE EIDER

FRIEDRICHSTADT

Stadt der Grachten und der Toleranz
Sehenswert ist das von Grachten durchzogene **Stadtdenkmal** Friedrichstadt. Im Jahr 1621 wurde es am Zusammenfluss von Eider und Treene von Herzog Friedrich. III. von Schleswig-Holstein-Gottorf gegründet, der dafür niederländische Glaubensflüchtlinge ins Land holte. Das Ziel: Wirtschaftlicher Aufschwung und über den neu angelegten Hafen Verbindungen mit den Wirtschaftszentren im Westen. So entstand mitten in Schleswig-Holstein ein Stück Holland mit Grachten und Treppengiebelhäusern – eine kleine Stadt der Toleranz, in der Lutheraner, Katholiken, Mennoniten, Juden und Remonstranten ihre Spuren hinterlassen haben. Die **Remonstrantenkirche** ist die einzige außerhalb der Niederlande.

Grachtenfahrt in Friedrichstadt.

Am Marktplatz steht noch eine Reihe Häuser aus der Gründungszeit. Eines der prächtigsten ist das **Paludanus-Haus** in der Prinzenstraße, 1637 vom Remonstranten-Pastor Godefridus Paludanus errichtet, der vor allem durch Weinhandel zu Wohlstand kam. Zum Wahrzeichen der kleinen Stadt wurde die **Marktpumpe** von 1879 mit ihrem Brunnenhäuschen.

Die ehemalige **Synagoge** (Am Binnenhafen 17) von 1847 ist heute Kultur- und Gedenkstätte mit einer Ausstellung zur Geschichte der Friedrichstädter Juden. Seit 1675 durften sich Menschen jüdischen Glaubens in Friedrichstadt ansiedeln. In der „Reichspogromnacht" vom 9. auf den 10. November 1938 wurde die Synagoge durch Nationalsozialisten verwüstet, anschließend als Getreidespeicher genutzt und 1941 für einen SS-Offizier zu einem Wohnhaus umgebaut.

www.friedrichstadt.de
www.gedenkstaetten-sh.de

Museum

Eines der schönsten Renaissance-Gebäude Norddeutschlands ist die **„Alte Münze"**, 1626 für den adligen Statthalter Adolph van Wael gebaut, Münzen wurden dort allerdings nie geprägt. In dem sorgfältig restaurierten Gebäude werden Stadtgründung und Religionsfreiheit von Friedrichstadt erläutert.

Museum „Alte Münze"
Am Mittelburgwall 23,
25840 Friedrichstadt
www.friedrichstadt.de

Der malerische Marktplatz mit der Markt-Pumpe.

Die Eiderbrücke bei Friedrichstadt.

Entdecken und Erleben

Um die Stadt vom Wasser aus zu erkunden, gibt es mehrere Möglichkeiten: Entweder mit dem E-Boot selber durch die Grachten schippern oder Friedrichstadt an Bord eines der Ausflugsboote der Reedereien Prinz und Schröder zu erleben (Die Abfahrtszeiten variieren, Tickets bei der Tourist-Information am Markt).
www.grachtenschiffahrt.de
www. grachtenfahrt.de

Essen und Trinken

Holländische Stube
Am Mittelburgwall 24–26,
25840 Friedrichstadt
www.hollaendischestube.de

Prinzenstube
Prinzenstraße 24, 25840 Friedrichstadt

Hotel Aquarium
Am Mittelburgwall 4–8,
25840 Friedrichstadt
www.hotel-aquarium

Tourist-Information
Am Markt 9, 25840 Friedrichstadt
www.spo-eiderstedt.de

STAPELHOLM

Östlich von Friedrichstadt erstreckt sich auf einem inselartigen Geestrücken inmitten der Flussniederungen von Eider, Treene und Sorge („Holm“ bedeutet im Dänischen „Inselchen“) die Landschaft Stapelholm.
Reetdachhäuser und zahlreiche Storchennester prägen die Dörfer. Typisch für Stapelholm sind auch die an einer Astgabel aufgehängten Glocken, die früher bei Gefahr – Feuer, Hochwasser oder kriegerischen Überfällen durch die Dithmarscher – geläutet wurden. Aus dem Jahr 1687 stammt zum Beispiel die Glocke von **Seeth**.

Entdecken und Erleben

Auf dem **Eider-Treene-Sorge-Radweg** lässt sich die Flusslandschaft zwischen Ostenfeld und Hollingstedt, dem alten „Nordseehafen" der Wikinger von Haithabu, sowie den Dithmarscher Orten Lunden und Tellingstedt südlich der Eider erkunden. www.eider-treene-sorge.de

Die Glocke von Seeth.

SEETH

Dorf der drei Haustypen

Im Dorf **Seeth** treffen sich auf engstem Raum die drei wichtigsten Bauernhaustypen Schleswig-Holsteins: das Fachhallenhaus, oft auch **Niedersachsen-Haus** genannt, das jütische Querdielen- oder auch **Geesthardenhaus** und der aus den Niederlanden stammende **Haubarg** mit seinen riesigen Dachflächen, wie er auch für Eiderstedt typisch ist.

SCHWABSTEDT

Die St.-Jacobi-Kirche von Schwabstedt.

An einer engen Treene-Schleife liegt **Schwabstedt**, vom 13.bis ins 17. Jahrhundert hinein Sitz der Schleswiger Bischöfe. Das bischöfliche Schloss findet seinen Niederschlag allerdings nur noch auf dem Wappen der Gemeinde, es wurde Ende des 18. Jahrhunderts abgerissen.

Die **St.-Jacobi-Kirche** ist ein romanischer Feldsteinbau aus der Zeit um 1200. Der

Glockenturm (1777) wurde auf einem Hünengrab errichtet. Der spätgotische Schnitzaltar (um 1505) mit einer Kreuzigungsszene stammt aus der abgebrochenen Husumer Marienkirche. Für 96 Mark wurde er Anfang des 19. Jahrhunderts nach Schwabstedt verkauft. Als stattliches Werk gilt auch die Kanzel (1606) aus der Werkstatt des zu seiner Zeit sehr gefragten Rendsburger Bildschnitzers Hans Peper.
www.eider-treene-sorge.de
www.kirche-schwabstedt.de

STAPEL

Stapelholms **historischer Hauptort** und Namensgeber für die gesamte Region ist mit seinen mehr als 50 reetgedeckten Häusern und der rund 800 Jahre alten Wehrkirche ein Kleinod. Seinen Namen verdankt der Ort vielleicht der früheren Funktion als Stapelplatz, das heißt: Anleger für Frachtsegler an der Eider, möglicherweise aber auch dem Begiff „Stapel" als Bezeichnung für eine Gerichtssäule.
Heute ist der ehemalige Gerichtsort der Landschaft Stapelholm beliebt bei Urlaubern. Anziehungspunkte sind zwei Bootshäfen und der Naturbadestrand an der Eider. Zum Kulturzentrum wurde das im Jahr 1703 erbaute – und selbstverständlich reetgedeckte – **Ohlsenhaus,** in dem während der Sommermonate häufig Lesungen und Konzerte stattfinden

Im Jahr 2018 schlossen sich **Süderstapel** an der Eider und das kleinere **Norderstapel**, das früher einen Hafen an der Treene besaß, zur neuen Gemeinde Stapel zusammen. Auch dort ist eine Reihe denkmalgeschützter alter Häuser erhalten. Ältestes Gebäude in Norderstapel ist das **Bauernhaus Jöns** (Schulstraße) von 1526. Die 1773 errichtete Bauernglocke steht in der Ortsmitte.
www.gemeinde-stapel.de

Die Kirche

Bis zu zweieinhalb Meter dick sind die Mauern des Rundturms der **St.-Katharinen-Kirche** in Süderstapel und vor allem: ohne Zugang von draußen. Derartige Wehrtürme sind im Landesteil Schleswig nur noch bei den Kirchen in Kosel an der Schlei und in Oeversee südlich von Flensburg erhalten. Die einschiffige romanische Feldsteinkirche von Süderstapel entstand Anfang des 13. Jahrhunderts, der Chor wohl bereits vor 1200. Im 15. Jahrhundert wurde das Gotteshaus bei einem Überfall durch die **Dithmarscher** niedergebrannt, später dann noch einmal ausgeraubt.
Zu den Schätzen der Kirche zählen der Altar (1609) des schon aus Schwabstedt bekannten Hans Peper, der unter anderem auch in Meldorf und Marne tätig war und die aus Husum stammende Kanzel von 1615 sowie das spätgotische Taufbecken aus belgischem Marmor.
www.kirchenkreis-schleswig-flensburg.de

Die St.-Katharinen-Kirche in Süderstapel.

Entdecken und Erleben

An die jahrhundertelangen Bemühungen der Menschen, die Flussniederungen zu entwässern und urbar zu machen, erinnert die **„Alte Steinschleuse"** östlich von Stapel. Bereits im Jahr 1598 wurde dort ein erstes Sielbauwerk errichtet. Die Schleuse gilt als frühes Beispiel einer mechanischen Regulierung des Wassers. Schon im Jahr 1877 wurde eine Schleuse errichtet, um die Sorge über den Verbindungsgraben „Große Schlote" in die höher gelegene Eider entwässern zu können, zwischen 1912 und 1915 wurde es zum Schöpfwerk Steinschleuse umgebaut und erhielt eine 400 PS starke Dampfpumpe; 1938 folgte eine erste elektrische Pumpe. Die beiden heutigen Förderanlagen schaffen je drei Kubikmeter Wasser pro Sekunde.

Paddler und **Kanufahrer** lieben die idyllische Flusslandschaft der Treene. Seinen Anfang nimmt der Fluss in der Landschaft Angeln südlich von Flensburg.

Etwa 55 Fluss-Kilometer sind ab Eggebek / Langstedt für Kanus befahrbar. Bis Friedrichstadt gibt es eine Reihe von Einsetzstellen für Boote, unter anderem in Schwabstedt und Friedrichstadt, außerdem Rast- und Zeltplätze.

www.eider-treene-sorge.de

Essen und Trinken

Küche, Kunst und Antiquitäten im denkmalgeschützten **Stapelholmer Heimatkrog.**
Hauptstraße 12, 25878 Seeth
www.stapelholmer-heimatkrog.de

Von Theodor Storm in zwei Novellen als Kirchspielskrug erwähnt: das seit hundert Jahren in Familienbesitz befindliche **Hotel zur Treene** in Schwabstedt.
An der Treene 5, 25876 Schwabstedt
www.hotel-zur-treene.de

HUSUM

Theodor Storms „Graue Stadt" – gar nicht grau

Der Dichter **Theodor Storm** (1817–1888) beschrieb Husum einst als eine „Graue Stadt am Meer". Tatsächlich ist seine Heimatstadt jedoch ganz und gar nicht grau, sondern bunt und heutzutage nicht nur bei Urlaubern hochgeschätzt. An die lange Schiffbau- und Hafen-Tradition Husums erinnern vor allem Museen und Denkmäler.

Tonnenleger „Hildegard" vor dem Rathaus.

Am Markt steht das Haus, in dem Storm 1817 zur Welt kam; gleich daneben das älteste erhaltene Haus der Stadt: das so genannte Herrenhaus aus der Zeit um 1520. Das alte Rathaus wurde 1601 errichtet. Auf dem Marktplatz vor der Kirche steht die „Tine". Die von dem Husumer Bildhauer Adolf Brütt 1902 geschaffene Brunnen-Figur ist die nach Theodor Storm bekannteste Husumer Gestalt und zugleich Wahrzeichen der Stadt.

Im Mittelalter war Husum der wichtigste Handels- und Hafenplatz Nordfrieslands. An der Südseite des Binnenhafens befindet sich ein ab dem 16. Jahrhundert genutzter Schiffbauplatz. Hier wurde 1988/89 unter Erhalt der alten Slipanlage das neue Rathaus errichtet. Ganz stilecht liegt dort ein Museumsschiff auf dem Trockenen: der 22

Brunnenfigur „Tine" auf dem Marktplatz.

Meter lange ehemalige Tonnenleger **„Hildegard"** (Baujahr 1907). Im August feiern die Husumer regelmäßig die Hafentage. Durch Husum führt ein **Kulturpfad** zu 34 historischen Gebäuden, Storm-Stätten und Museen, Mehr unter
www.husum-tourismus.de

Kirchen

Husums klassizistische **Marienkirche** wurde nach einem Entwurf des bedeutenden dänischen Architekten Christian Frederik Hansen 1833 gebaut. Sie ersetzte einen gotischen Vorgängerbau, der wegen Baufälligkeit abgerissen wurde. Der Altar wurde damals nach Schwabstedt an der Treene verkauft.

Das kleine Dorf **Schobüll** vier Kilometer nördlich der Stadt (heute eingemeindet)

Marienkirche

Hier wohnte der Dichter Theodor Storm zwischen 1866 und 1880.

bietet – ungehindert durch Deiche – einen weiten Blick über die Nordstrander Bucht. Die Kirche (13. Jahrhundert) diente den Seeleuten als Landmarke. Aus dem Mittelalter erhalten ist ein spätgotischer Fries mit den zwölf Aposteln, Johannes dem Täufer und Maria Magdalena. Im „Kirchlein am Meer" finden regelmäßig Konzerte statt.
www.kirchlein-am-meer.de

Theodor-Storm-Haus

Zwischen 1866 und 1880 wohnte Theodor Storm in dem alten Kaufmannshaus von 1730 in der Wasserreihe 31. Heute ist dort das Storm-Museum untergebracht, und auch die Storm-Gesellschaft sowie das Storm-Archiv haben ihren Sitz in der Wasserreihe.
Theodor-Storm-Zentrum
Wasserreihe 31–35, 25813 Husum
www.storm-gesellschaft.de

Schloss vor Husum

Zwischen 1577 und 1582 ließ Herzog Adolf von Schleswig-Holstein-Gottorf das damals vor den Toren Husums liegende Schloss bauen, aus dem Jahr 1612 stammt das Torhaus. Das einzige Schloss an der schleswig-holsteinischen Westküste gilt als eines der bedeutendsten Renaissance-Bauwerke des Landes. Heute ist es kulturelles Zentrum für Konzerte, Theaterveranstaltungen und Ausstellungen. Besichtigt werden können die ehemaligen Staatsräume. Im Südflügel ist das **Poppenspäler-Museum** mit einer Sammlung von Kasper-Figuren aus aller Welt zu Hause.

Im Frühjahr blühen rund **vier Millionen Krokusse** im Schlosspark, die Husumer feiern dann ihr Krokusblütenfest. Die lila Blüten-Pracht verdankt die Stadt einem Zufall: Vor der Reformation befand sich an der Stelle des Schlosses ein Franziskaner-Kloster. Die Mönche wollten eigentlich Safran gewinnen. Daraus wurde jedoch nichts: Statt des dafür notwendigen „Crocus sativus" importierten sie den heute üppig blühenden „Crocus neapolitanus".

König-Friedrich V.-Allee, 25813 Husum

www.museumsverbund-nordfriesland.de

Das Schifffahrtsmuseum

Das Schiff von **Uelvesbüll** ist das Herzstück. Das Wrack eines holländischen Frachtseglers aus dem 16. Jahrhundert wurde 1994 am Deich von Uelvesbüll auf

Das einzige Schloss an der schleswig-holsteinischen Westküste steht in Husum.

Eiderstedt entdeckt. Zwischen 1600 und 1650 war das Schiff im Sturm gesunken. Nach seiner Entdeckung wurde das zwölf Meter lange und gut drei Meter breite Wrack über mehrere Jahre in 900.000 Litern 70prozentiger Zuckerlösung konserviert. Historischer Schiffbau sowie Fischerei und Walfang zählen zu den weiteren Ausstellungschwerpunkten.
Am Zingel 15, 25813 Husum
www.schiffahrtsmuseum-nf.de

NordfrieslandMuseum Nissenhaus

Als Diamantenhändler kam der Husumer Ludwig Nissen (1855–1924) in den USA zu Reichtum. Seiner Vaterstadt schenkte er das Museum, eine Bibliothek sowie eine Kunstsammlung. Gezeigt werden Malerei des 19. und 20. Jahrhunderts, unter anderem Christian Rohlfs und Paula Modersohn-Becker, vor allem aber volks- und naturkundliche Sammlungen, die einen Überblick über das Leben und den Kampf gegen die Naturgewalten vermitteln.
Herzog-Adolf-Straße 25, 25813 Husum
www.museumsverbund-nordfriesland.de

Das NordfrieslandMuseum Nissenhaus.

Ostenfelder Bauernhaus

Das Bauernhaus ist das älteste Freilichtmuseum Deutschlands (seit 1899). Das vor dem Jahr 1600 errichtete Gebäude stammt ursprünglich aus Ostenfeld bei Husum. Das Museum vermittelt bäuerliche Alltags- und Arbeitskultur des 18. und 19. Jahrhunderts.
Nordhusumer Str. 13, 25813 Husum
www.museumsverbund-nordfriesland.de

Entdecken und erleben

Weihnachten das ganze Jahr über: Im **Husumer Weihnachtshaus** mit einem historischen Laden von 1890 und einem Museum mit Tannenbaumschmuck der letzten hundert Jahre können sich Besucher auch im Sommer in Weihnachtsstimmung versetzen lassen.
Westerende 46, 25813 Husum
www.weihnachtshaus.info

Essen und Trinken

Das kulinarische Angebot in Husum dreht sich vor allem am Hafen rund um Fisch und Krabben. Bereits seit 1584 besteht **„Dragseth's Gasthof"**, Husums ältester Gasthof.
Zingel 11, 25813 Husum
www.dragseths-gasthof.de

1867 in preußisch-neogotischem Stil als Schule erbaut, ist das **„Alte Gymnasium"** heute Hotel und Restaurant.
Süderstrasse 2–10, 25813 Husum
www.geniesserhotel-altes-gymnasium.de

Tourist-Information
Tourismus und Stadtmarketing Husum GmbH
Historisches Rathaus
Großstraße 27, 25813 Husum
www.husum-tourismus.de

Das Stelenfeld von Schwesing.

UMGEBUNG

KZ-Gedenkstätte Husum-Schwesing

Nur wenige Kilometer östlich von Husum liegt nahe der B 200 Richtung Flensburg das ehemalige **Konzentrationslager Schwesing**. 1944 wurden insgesamt 2600 Insassen aus dem KZ Neuengamme dorthin transportiert, um zwischen dem 25. September und dem 14. Oktober Panzerabwehrgräben auszuheben, den aus heutiger Sicht völlig sinnlosen „Friesenwall". Fast 300 von ihnen starben.
www.kz-gedenkstaette-husum-schwesing.de

AN DER ELBE BIS GLÜCKSTADT

Ein Abstecher an der Elbe entlang bis zum **Stadtdenkmal Glückstadt** führt durch idyllische Dörfer wie **St. Margarethen** und lohnt außerdem ein paar Umwege, zum Beispiel nach **Wilster** mit seinem Rathaus, einem Fachwerkbau von 1585 und der St.-Bartholomäus-Kirche, die zwischen 1775 und 1780 von Ernst Georg Sonnin, dem Erbauer des Hamburger „Michel", errichtet wurde.

Holsteins kleinste Stadt ist **Krempe**, ein 2000-Einwohner-Ort ebenfalls mit großer Vergangenheit: Im 16. Jahrhundert wurde der Ort zur Festung ausgebaut, von der noch der Burggraben erhalten ist. Sehenswert sind das **Renaissance-Rathaus** von 1570 aus der wirtschaftlichen Blütezeit der Stadt, der **Königshof** von 1543 als Residenz von König Christian III. und die klassizistische Kirche, 1828–1832 nach Plänen des bedeutenden dänischen Architekten Christian Frederik Hansen errichtet.

Bei Wewelsfleth führt die Bundesstraße 431 über das **Sperrwerk der Stör** an der Mündung des Flusses in die Elbe; seit 1975 schützt es das Hinterland mit der Kremper- und der Wilstermarsch vor Sturmfluten.

Wie in Wilster und in Krempe spielten Schifffahrt und Schiffbau in der Geschichte des 1238 zum ersten Mal erwähnten **Wewelsfleth** eine große Rolle. Bis heute dominieren die Hallen und Kräne der „Peters Werft" die Uferlinie der Stör. Die Ursprünge des Betriebs reichen bis zur Wende vom 18. zum 19. Jahrhundert zurück. Idyllisch ist die **Deichreihe** mit ihren alten Häusern, darunter das ehemalige Fährhaus (Nummer 31), dessen älteste Teile aus dem

Altes Fährhaus.

Idyll im Herzen von Wewelsfleth.

17. Jahrhundert stammen; denn im Jahr 1629 wurde eine Fährverbindung über die Stör eingerichtet. Einige Kilometer flussaufwärts pendelt nach alter Tradition eine Seilzugfähre zwischen **Beidenfleth** und Bahrenfleth.

Zwischen St. Margarethen und Wewelsfleth erinnert der Ortsname **Brokdorf** an die Anti-Atomkraft-Demonstrationen vom Februar 1981, bei denen bis zu 50.000 Menschen gegen den Bau des Kernkraftwerks protestierten; Ende 2021 wurde es stillgelegt.

GLÜCKSTADT

Matjes und ein ehrgeiziger König

„Dat schall glücken un dat mutt glücken, un denn schall se ok Glückstadt heten!" Das soll Dänemarks König Christian IV. (1577–1648), jedenfalls der Sage nach, bei der Gründung seiner neuen Stadt gesagt haben. Als Festung an der Elbe und als Konkurrenz zu Hamburg ließ der Herrscher, der als Herzog von Holstein zugleich deutscher Reichsfürst war, im Jahr 1617 Glückstadt an der Mündung des Flusses Rhin an-

Der Glückstädter Hafen.

legen: Vom Markplatz mit der Kirche (1618–1623) führten die Straßen sternförmig auf die Bastionen der heute nur noch an wenigen Punkten zu erahnenden Festung zu. Als Binnenhafen zog sich das Fleth durch die Stadt, später wurde es zwar zugeschüttet, in den 1980er Jahren jedoch wieder freigelegt.

Zur Besiedlung der neuen Gründung lud der König auch sephardische Juden aus Portugal ein; ihr Friedhof (Pentzstraße) ist bis heute erhalten.

Ein Jahr nach der Stadtgründung brach jedoch ein Krieg aus, der erst 30 Jahre später enden sollte, Europa verwüstete und auch die dänischen Kassen leerte. Später wurden dann die Schiffe größer, das Fahrwasser war zu flach und versandete außerdem immer wieder. Geblieben von den großen Plänen des baufreudigen Königs, der zum Beispiel in Norwegen Kristiansand und in Schweden Kristianstad gründete, ist eine sehenswerte Kleinstadt mit einer Vielzahl historischer Bauwerke.

Herausragend „Am Fleth" ist vor allem das **Brockdorff-Palais**, in der Königstraße ist es das ehemalige **Wasmer-Palais** (1710–1720), das einst die Regierungskanzlei beherbergte und heute die Volkshochschule. Am Fleth entstand 1632 aber auch die königlich privilegierte Buchdruckerei, in der im Jahr 1740 die erste Zeitung Schleswig-Holsteins gedruckt wurde: die **„Glückstädter Fortuna"**. Als Titel in einem größeren Verlags-Verbund ist sie bis heute erhalten. Die Druckerei von Johann Jakob Augustin war später vor allem dadurch berühmt, dass sie Drucksachen in mehr als hundert Sprachen herstellen konnte. So besaß sie zum Beispiel auch 12.000 chinesische Schriftzeichen.

Die Straße **„Am Hafen"** mit ihrer Vielzahl historischer Fassaden steht komplett unter Denkmalschutz. Dort sticht vor allem das **„Palais für aktuelle Kunst"** (Am Hafen 46) in einem Adelssitz der Spätrenaissance hervor. Das 1697 errichtete Gebäude erhielt auch den Zusatz: „Quasi non possidentes" (Als ob wir nicht die Besitzenden wären ...) Der Wiebeke-Kruse-Turm (Am Hafen 40) als Teil der ehemaligen Wachstube verdankt seinen Namen der letzten Mätresse des Königs. Er bildet den Rest des ersten Wohnhauses von König Christian IV., das er später jener Wiebeke Kruse schenkte. Der **Alte Salzspeicher** von 1827

Das Glückstädter Rathaus.

Das herrschaftliche Brockdorff-Palais.

(Am Hafen 63) erinnert an die Zeit der Heringsfischerei, als das mächtige Backsteingebäude als Salzspeicher genutzt wurde. Im Jahr 1968 besannen sich die Glückstädter auf ihre alten Fischerei-Traditionen und feierten ihre ersten **Matjeswochen**. Seitdem dreht sich jedes Jahr im Juni alles um die jungfräulichen Heringe. Matjes wurden neben der Fortuna zum zweiten Markenzeichen der Stadt.

Die Kirche

Von der Turmspitze schaut Glückstadts Wahrzeichen und Wappenfigur auf die Stadt herab: die **Glücksgöttin Fortuna**

Die Glückstädter Kirche mit der „Fortuna".

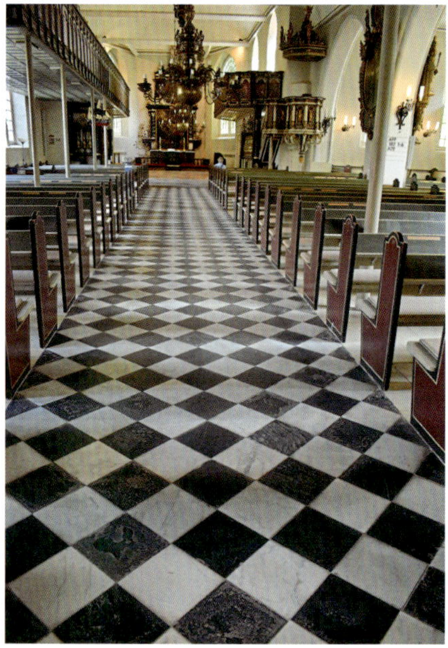

Blick in die Kirche.

mit ihrem Schleier. An einer langen Stange zwischen einer Weltkugel und dem Monogramm „C4" für Christian IV. sowie einer weiteren Kugel mit einem Kreuz, sagt sie den Glückstädtern, woher der Wind weht. Das Innere der Kirche wird geprägt durch die Emporen mit einem 105 „Schildereyen" umfassenden Bilderzyklus (1706–1850), der mit der Erschaffung der Welt beginnt. Aus dem Jahr 1695 stammen der Altar mit einem Aufbau aus Alabaster und schwarzem Marmor, von 1641 die achteckige Taufe, aus etwa derselben Zeit die Kanzel, die dem Hofbildhauer Georg Kriebel zuge-

schrieben wird. Eine Hamburger Arbeit ist das Triumphkreuz des 17. Jahrhunderts.
www.kirche-glueckstadt.de

Das Detlefsen-Museum im Brockdorff-Palais
In dem Adelspalais von 1631/32 werden die Gründungsgeschichte der Stadt erzählt und Zeugen ihrer reichen Vergangenheit gezeigt. In der Abteilung Seefahrt wird außerdem über die Zeit des Walfangs und die Heringsfischerei berichtet. Dabei ist schon das Gebäude selbst mit seinen bemalten Holzbalkendecken von 1695 ein Zeuge Glückstädter Historie.
Am Fleth 43, 25348 Glückstadt
www.detlefsen-museum.de

Entdecken und Erleben

In Glückstadt beheimatet ist die **„Rigmor"**, das älteste fahrtüchtige hölzerne Segelschiff Deutschlands. Das schwimmende Denkmal wurde dort 1853 als Zollkreuzer No. 5 gebaut. Später war die „Rigmor" Frachtsegler und schließlich Steinfischer in Dänemark, 1992 kehrte sie an ihren Entstehungsort zurück und wurde durch einen Förderverein restauriert. Bei Törns auf der Elbe oder nach Stade sind Gäste willkommen.
www.rigmor.de

Schifffahrt modern: Auf die andere Seite der Elbe geht es mit der **Fähre** von Glückstadt nach **Wischhafen** im 30-Minuten-Takt.
www.frs-elbfaehre.de

Ein kleines **Museum** in einem ehemaligen Stellwerk sowie **historische Güterwaggons** von 1911 bis 1960 und eine Diesel-Lok (Bj. 1943) am ehemaligen Güterbahnhof lassen die Herzen von Eisenbahn-Fans höherschlagen. Die Fahrzeuge wurden durch den Verein „Freunde der Marschbahn Glückstadt/BSW e.V". restauriert.
www.marschbahn-glueckstadt.de

Essen und Trinken

Matjes, die Glückstädter Spezialität, werden überall rund um den Marktplatz serviert:
So im **„Der Kleine Heinrich"** (Am Markt 2), einem Haus aus der Gründungszeit Glückstadts mit dem Namen eines Walfangschiffs. Benannt nach dem Stadtgründer ist das Restaurant **Christian IV.** (Am Markt 3), in 300 Jahre alten Gebäuden: **Anno 1617** (Am Markt 5–6), im Rathaus: **Ratskeller** (Am Markt 4)
www.der-kleine-heinrich.de
www.christianivglueckstadt.de
www.anno1617.de
www.ratskeller-in-glueckstadt.de

Tourist-Information
Große Nübelstraße 31, 25348 Glückstadt
www.glueckstadt-tourismus.de

HELGOLAND

Felseninsel mit bewegter Geschichte

Die **„Lange Anna“** ist Deutschlands wohl berühmtester Felsen. Aber Helgolands Wahrzeichen (47 Meter hoch) ist mit Sicherheit nicht der einzige Grund, von Büsum aus einen Schiffsausflug nach **Helgoland** zu unternehmen. Deutschlands einzige Hochseeinsel rund 70 Kilometer vor der schleswig-holsteinischen Küste hat auf einem Quadratkilometer Fläche viel zu bieten.

Helgolands Natur und seine bewegte Geschichte sorgen für eine einmalige Mischung aus Erlebnissen und Entdeckungen. Zusätzlich reizvoll ist die Möglichkeit, zollfrei einzukaufen – ein Relikt der Helgoländer Vergangenheit. Schlicht als „Lun“, als „Land“ nämlich, bezeichnen die Insulaner selbst im **Helgoländer Friesisch**, dem **Halunder**, ihr Felsen-Eiland in der Nordsee.

Fischfang, Schifffahrt und Lotsenwesen sorgten früher für ihren Lebensunterhalt, inzwischen ist es der Tourismus. Das Strandparadies ist die nur einen Kilometer lange „Düne“, die bis 1721 noch mit der Hauptinsel verbunden war. Heute pendeln Fähren zwischen Helgoland und seiner einzigen Nebeninsel, wo sich auch der Inselflugplatz befindet.

Die Geschichte des Fremdenverkehrs begann bereits, als über Helgoland noch die **britische Flagge** wehte. Während der napoleonischen Kriege hatten die Briten im Jahr 1807 die Insel erobert, zu der Zeit war sie wie das übrige Schleswig-Holstein Teil des dänischen Gesamtstaates. Der Felsen in der Nordsee wurde fortan „Schmuggelnest", aber auch Standort hamburgischer und englischer Kaufleute. Auch die ersten Touristen kamen. Einer von ihnen: **August Heinrich Hoffmann von Fallersleben** (1798–1874). Am 26. August 1841 schrieb er auf Helgoland das **Deutschland-Lied**. („Lied der Deutschen").

Im Jahr 1890 drehte sich Helgolands Schicksal erneut. Deutschland und Großbritannien schlossen den Vertrag über **„Helgoland und Kolonien"**, verkürzt und verfälscht oft als Helgoland-Sansibar-Vertrag bezeichnet. Deutschland verzichtete darin unter anderem zwar auf Ansprüche auf Sansibar, hatte die Insel gleichwohl nie besessen. Die Helgoländer wurden nicht gefragt. Vielleicht auch deshalb wurden sie 1914 mit dem Ausbruch des Ersten Weltkrieges als mögliche Sympathisanten der Engländer von der Insel deportiert.

Im April 1945 warf die britische Luftwaffe in zwei Wellen rund 7000 Bomben über der zur Seefestung ausgebauten Insel ab, anschließend wurde die Bevölkerung aufs Festland evakuiert. Während der Bombenangriffe hatten die Menschen sich in Bunkeranlagen retten können. Im April 1947 zerstörten die Briten mit der größten nichtnuklearen Sprengung der Geschichte die Helgoländer Bunker, **Operation „Big Bang"** genannt. Die Insel wurde für die

Helgoland mit „Langer Anna", Unterland und Düne.

nächsten Jahre unbewohnbar. Erst 1951 wurde sie an die Bundesrepublik Deutschland zurückgegeben, und der Wiederaufbau konnte beginnen.

Tipp: Ein Geschichtsweg mit 16 verschiedenen Stationen informiert über die wechselvolle Geschichte der Insel.

Helgoland ist Zwischenstation für viele Zugvögel, der **Lummenfelsen** zwischen März und September aber auch Brut- und Lebensraum für rund 10.000 Vogelpaare. Fünf Vogelarten – Trottellumme, Basstölpel, Eissturmvogel, Dreizehenmöwe und Tordalk – brüten überhaupt nur auf Helgoland.

Denkmal für den Dichter Hoffmann von Fallersleben.

Wahrzeichen „Lange Anna".

Sehenswert

Das Leben der Insulaner, die Schönheit der Insel, ihre Geschichte sowie die Veränderungen durch Natur und Mensch stehen im Mittelpunkt des **Museums Helgoland**. Im Freigelände sind original nachgebaute Hummerbuden zu sehen, unter anderem

mit einer Ausstellung über den Schriftsteller James Krüss sowie ein Leuchtturm mit Informationen zur Seenotrettung. Zu sehen ist aber auch eine britische 12.000-lbs-Fliegerbombe (rund 5400 Kilogramm). Angeboten werden auch Ausflüge in die noch vorhandenen unterirdischen Bunker. Ursprünglich besaßen diese Anlagen eine Länge von rund 14 Kilometern. Als Gedenkstätte für die Militärgeschichte der Insel entsteht jetzt ein neues **Bunkermuseum** mit einem Dokumentationszentrum in einem bisher zugeschütteten Gang im Unterland (Eröffnung 2022).
Kurpromenade 1430, 27498 Helgoland
www.museum-helgoland.de

Das Helgoländer Steinkistengrab.

Platz vor dem Helgoländer Museum.

Sommerliches Treiben am Hafen.

Entdecken und Erleben

Es zählt angeblich zu den sichersten öffentlichen Verkehrsmitteln: das Helgoländer **Börteboot**. Mehr als 45 Millionen Menschen wurden bisher mit den hochseetüchtigen, um die zehn Meter langen Booten aus massivem Eichenholz (acht Tonnen schwer) transportiert. Viele Jahrzehnte lang wurden sie zum Börte genannten **Ausbooten** zwischen den auf der Helgoländer Reede ankernden Seebäderschiffen und der Landungsbrücke benutzt. Heute können die Schiffe im Südhafen festmachen, und die Börteboote werden für Rundfahrten und Fotosafaris genutzt. Inzwischen gehören sie sogar zum immateriellen Unesco-Kulturerbe, und ein eigener Verein setzt sich für den Erhalt der Tradition ein.

Verein zum Erhalt Helgoländer Börteboote e.V.
Bremer Str. 233, 27498 Helgoland
www.vzehb.de

Essen und Trinken

Eine besondere Helgoländer Spezialität sind die Scheren des Taschenkrebses, die **„Knieper"** (hochdeutsch: Kneifer).

Anreise

Die Reederei **Adler & Eils** bietet ab Büsum mit der „Funny Girl" oder der „Lady von Büsum" in der Saison täglich Fahrten nach Helgoland an. Auf Helgoland haben die Passagiere vier Stunden Zeit zum Schauen und Shoppen, An- und Abreise dauern jeweils gut 2,5 Stunden.
www.adler-eils.de
www.adler-schiffe.de

Schiffsmodelle im Museum.

Schnappschuss vom Schiff auf Helgoland.

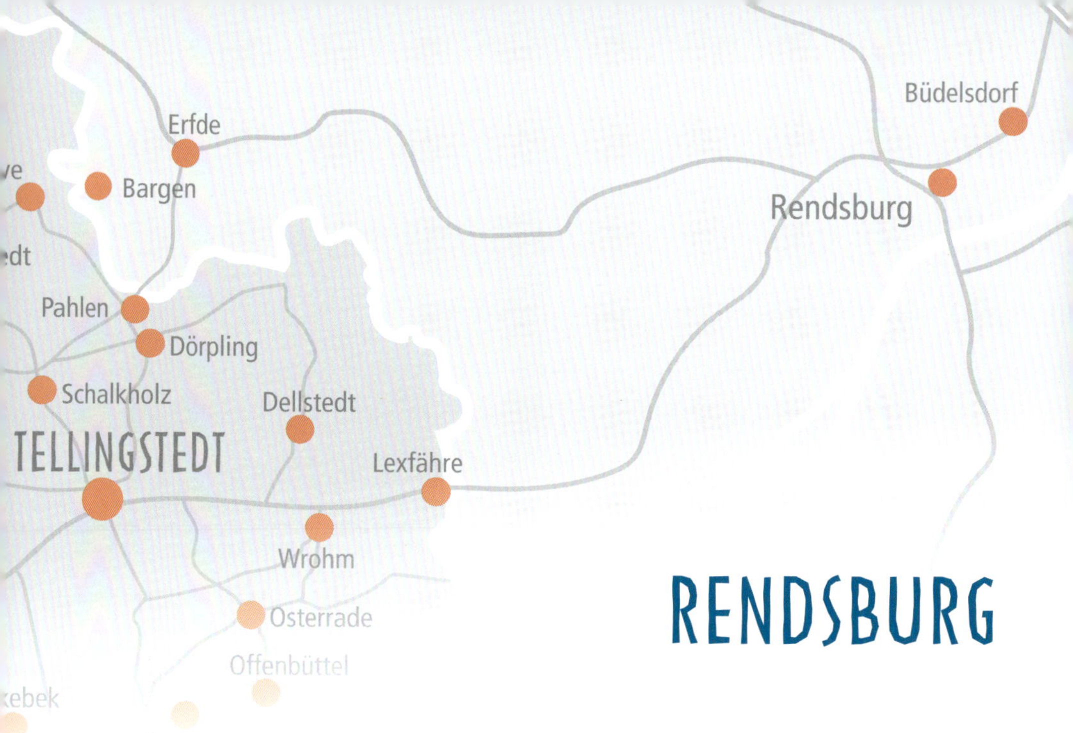

RENDSBURG

Hafenstadt im Binnenland

Die Stadt am Nord-Ostsee-Kanal kann auf eine lange Geschichte und eine große Vergangenheit zurückblicken. Typisch für die komplizierte Geschichte Schleswig-Holsteins: Rendsburg war im 18. Jahrhundert nach Kopenhagen zweitgrößte Festung des dänischen Königs – und ab 1871 nach Metz die zweitgrößte Garnison des deutschen Kaiserreichs.

Das Jüdische Museum.

Gewachsen ist die Stadt an einem wichtigen Übergang über die Eider auf drei Fluss-Inseln. Im Norden lag die namengebende „Reinholdsburg" (ab 1100), das spätere Schloss. Vor dem Bau des Nord-Ostsee-Kanals waren der Ochsenweg und die Eider die Lebensadern der Stadt. Eine Hafenstadt ist Rendsburg bis heute geblieben, jetzt befindet sich der Hafen allerdings am Nord-Ostsee-Kanal.

Beinahe einzigartig in Nordeuropa ist die Anlage des Stadtteils **Neuwerk**. Nach dem Dreißigjährigen Krieg beschloss der dänische König den Ausbau der Stadt zu einer

Großfestung. Zwischen 1690 und 1695 entstand dabei eine neue Stadt neben dem alten Rendsburg, und bis heute präsentiert sich Neuwerk als eindrucksvolle barocke Anlage.

Sehenswert

Altstadt und Marienkirche

Ab 1287 entstand auf dem höchsten Punkt der Altstadt die **Marienkirche**, ein Vorgängerbau war abgebrannt. Die Gewölbeausmalung im Inneren stammt aus dem 14. und dem 15. Jahrhundert. Der hochaufragende Altar (1649) gilt als Meisterwerk des Manierismus der späten Renaissance. Eine Reihe von Epitaphien erinnert an Stifterfamilien und Bürger der Glanzzeit im 16. und 17. Jahrhundert.

Von der Kirche sind es nur wenige Schritte zum **Alten Rathaus**, das als „Nyge Raedhus" im Jahr 1446 erstmals erwähnt und seitdem mehrfach verändert wurde. Mit der Verlängerung des Rathauses in den Altstädter Markt hinein entstand der charakteristische „Schwibbogen", der **Stegen** und **Hohe Straße** miteinander verbindet.

Vom Altstädter Markt führt der Weg durch die **Hohe Straße** (Nr. 7: Ältestes Haus von 1566) zum **Schiffbrückenplatz,** bis zum Kanalbau Rendsburgs Hafen mitten in der Stadt. Das Fachwerkhaus an der Ecke stammt aus dem Jahr 1696. Den benachbarten **Schlossplatz** dominiert das „Hospital zum Heiligen Geist", 1760 als Garnisonslazarett anstelle des baufälligen Schlosses errichtet, heute Seniorenheim. Davor der Gerhards-Brunnen, zur Erinnerung an den Rendsburgs Wohltäter und Förderer, **Graf Gerhard III**. (1293–1340). Die Dithmarscher haben den Grafen aus der mächtigen und weitverzweigten Familie der Schauenburger allerdings in ganz anderer Erinne-

Das Alte Rathaus von 1446.

Das neugestaltete Historische Museum im Arsenal.

rung: Sie brachten ihm im Jahr 1319 bei **Wöhrden** eine krachende Niederlage bei.

Nördlich der Altstadt sind die letzten Spuren des Eiderkanals zu sehen. Aus jener Zeit ist ein markantes Gebäude erhalten: das 1783 errichtete **Kanalpackhaus**, das kleinste der drei mit dem Kanalbau errichteten Packhäuser. Die beiden größeren stehen in **Tönning** und in Kiel-Holtenau.

Neuwerk mit Paradeplatz und Christkirche

Ausgangspunkt für Neuwerk ist der eindrucksvolle **Paradeplatz**. Als halbes Zehneck wurde der Stadtteil angelegt, die Straßen liefen auf die Bastionen zu. Die Sitzordnung der königlichen Tafel lieferte die Straßennamen: In der Mitte die Königstraße, rechts daneben Königin- und Prinzenstraße, auf der anderen Seite Kronprinzen- und Prinzessinstraße.

Der Platz wird gerahmt von repräsentativen Bauten: der früheren **Kommandatur** von 1690 (Paradeplatz 10), daneben die ehemalige **Hauptkasse**. Im ehemaligen Weinhaus (**Ecke/Paradeplatz/Prinzessinstrasse**) mit dem Baujahr 1693 pflegte Zar Peter der Große bei seinem Aufenthalt 1713 während des Großen Nordischen Kriegs zu speisen.

Im Jahr 1700 wurde die **Christkirche** geweiht. Gebaut wurde sie in Kreuzform nach dem Vorbild der Kopenhagener Holmenskirche. Als Garnisonskirche bot sie ursprünglich Platz für 2000 Menschen. Prunkvollstes Teil der Innenausstattung ist die Königsloge von 1708 mit dem Monogramm des dänischen Königs Frederik IV..

Tipp: Eine blaue Linie führt Besucherinnen und Besucher zu den Sehenswürdigkeiten der Stadt.

Die Museen

Kulturzentrum im Hohen Arsenal

Als Zeughaus entstand zwischen 1695 und 1697 das Hohe Arsenal, das heute das **Historische Museum** Rendsburgs sowie das Druckmuseum beherbergt. Schwerpunkte sind die 350jährige Festungsgeschichte der Stadt sowie der Bau von Eiderkanal und Nord-Ostsee-Kanal.
Arsenalstraße 2–10, 24768 Rendsburg
www.museen-rendsburg.de

Schifffahrtsarchiv

Das Schifffahrtsarchiv ist in dem Fachwerkbau Königstraße 5 (Baujahr 1697) beheimatet. Anhand von Dokumenten, Gemälden, Schiffsmodellen und anderen Exponaten wird die Entwicklung der Rendsburger Schifffahrt gezeigt.
Königstraße 5, 24768 Rendsburg
www.rendsburger-schifffahrtsarchiv.de

Jüdisches Museum

Um Neuwerk möglichst rasch zu besiedeln, verfügte König Christian V. im Jahr 1692, dass sich in dem neuen Stadtteil auch Angehörige anderer Religionen als nur Lutheraner niederlassen durften. 1743 wird zum ersten Mal eine Synagoge erwähnt, in den Jahren 1843–1845 erfolgte in der Prinzessinstraße der Bau des heutigen Gebäudes. In den restaurierten Räumen werden eine

Die Marienkirche.

Einführung in jüdische Religion und Alltagsleben präsentiert und daneben Werke von renommierten Künstlern gezeigt, die in der NS-Zeit verfolgt wurden.
In Schleswig-Holstein sind daneben nur noch in **Friedrichstadt** und **Lübeck** zwei Synagogen erhalten.
Prinzessinstraße 7–8, 24768 Rendsburg
www.landesmuseen.sh

Das Wahrzeichen: die Hochbrücke

In 42 Metern Höhe überspannt die 2485 Meter lange Eisenkonstruktion der **Eisenbahnhochbrücke** den Kanal (Spannweite über dem Wasser: 317,60 Meter). Seit 1988 steht das markante **Wahrzeichen** Rendsburgs unter Denkmalschutz.

Rendsburger Hochbrücke.

Die Konstruktion der Brücke von 1911 bis 1913 im Zuge der ersten Kanalverbreiterung wurde zum Meisterwerk der Ingenieurkunst. Nicht einmal einen Kilometer vom Kanal entfernt liegt der Rendsburger Bahnhof. Doch die Lokomotiven schafften nur eine Steigung von 1:150. Deshalb wurden die Gleise als ellipsenförmige Schleife von 5,9 Kilometern Länge angelegt; im ersten Teil noch als Eisenkonstruktion, dann als 4,5 Kilometer langer, mächtiger Erdwall.
Die **Schwebefähre** unter der Rendsburger Eisenbahnhochbrücke gehört zwar zu den letzten sieben auf der Welt noch existierenden, sie ist nach einer Kollision mit einem Frachter im Januar 2016 ein Neubau.
Für Autofahrer, Fußgänger und Radfahrer führen außerdem zwei Tunnel unter dem Kanal durch.

Tipp: Besichtigung der Hochbrücke
178 Stufen hoch auf die Aussichtsplattform der „Eisernen Lady" geht es bei einer Hochbrückenführung. Die Tourist-Information Nord-Ostsee-Kanal bietet die Klettertour zwischen Mai und September jeweils sonntags an.
www.tinok.de

Die Kapitäne der **Schiffsbegrüßungsanlage** im Restaurant und Café „Brückenterrassen" neben der Schwebefähre stellen jedes vorbeiziehende Schiff vor.
www.brueckenterrassen.de

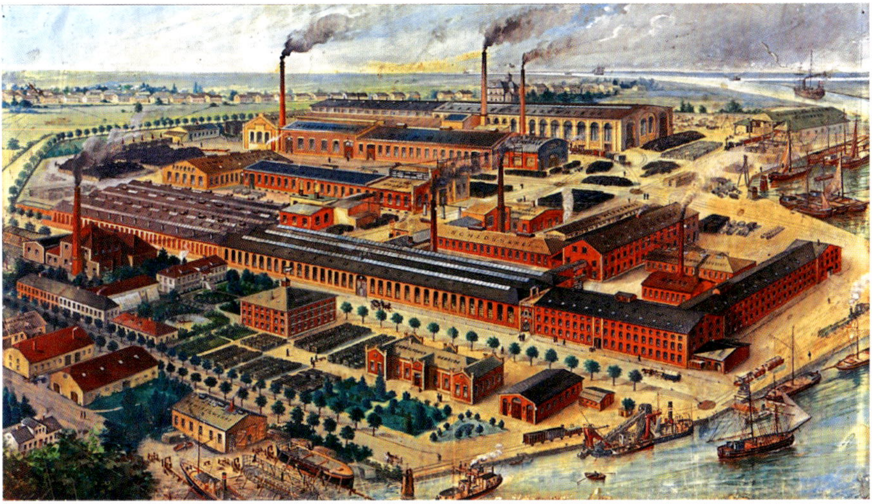

Historisches Bild der „Carlshütte" in Büdelsdorf.

Sehenswert

Besuchermagnet Nord-Art

Die seit 1999 in den Sommermonaten stattfindende **NordArt** im benachbarten Büdelsdorf gehört zu den größten jährlichen Ausstellungen zeitgenössischer Kunst in Europa. Mehr als 200 ausgewählte Künstler aus aller Welt zeigen ihre Werke vor der einzigartigen Kulisse der **Carlshütte** und im historischen Skulpturenpark. Die NordArt zieht mittlerweile jedes Jahr rund 100.000 Besucher an.

Tourist-Information Rendsburg
im Alten Rathaus
Mühlenstraße 32, 24768 Rendsburg
www.mittelholstein.de

Essen und Trinken

Modernisiertes Traditionshaus am Kanal: **Hotel ConventGarten**
Hindenburgstr. 38–42,
24768 Rendsburg
www.conventgarten.de

Auf der Kanal-Südseite mit Terrasse direkt am NOK: **Kanal-Meisterei**
Am Kamp-Kanal 1,
24783 Osterrönfeld
www.kanal-meisterei.de

Pizza und Pasta am Paradeplatz im Keller des ehemaligen Weinhauses: **Pane Vino.**
Paradeplatz 3, 24768 Rendsburg
www.panevino.de

DITHMARSCHER GESCHICHTE IN STICHWORTEN

782 Schriftliche Bezeichnung von Dithmarschen als **„Thiadmaresgaho"** in einer Lebensbeschreibung von Willehad (740–780), dem ersten Bischof von Bremen.

811 Abgesandte zwischen **Kaiser Karl dem Großen** und dem dänischen König einigen sich auf die **Eider** als Grenze zwischen fränkischem und dänischem Einflussgebiet. Das sächsisch besiedelte Dithmarschen ist damit Teil des fränkischen Reichs.

Ab 1100 Beginn der Eindeichungen und Entwicklung bäuerlich-genossenschaftlicher Strukturen (Geschlechter).

1228 Dithmarschen fällt an das **Erzbistum Bremen**.

1404 Die Dithmarscher siegen über Herzog Gerhard IV. aus dem Haus Schauenburg und Graf Albrecht von Holstein; damit scheitert deren Versuch, Dithmarschen zu erobern.

1447 **„Landrecht"** für Dithmarschen. Eine bäuerliche Republik entsteht, für deren Wahrung ein Kollegium aus 48 Richtern verantwortlich ist, seit 1510 als **Regenten** bezeichnet.

1460 Der dänische **König Christian I.** wird in Ribe (Dänemark) von der Ritterschaft zum Herzog von Schleswig und Grafen von Holstein gewählt. Das Herzogtum Schleswig ist dänisches Lehen, Holstein als deutsches Lehen Teil des Heiligen Römischen Reiches. Christian I. verspricht **„dat se bliven ewich tosamende ungedelt"** („… dass sie für immer ungeteilt zusammenbleiben")**.**

1474 In der Folge erhebt **Kaiser Friedrich III.** Stormarn, Holstein, Wagrien und **Dithmarschen** zum Herzogtum Holstein.

Dagegen protestieren der Bremer Erzbischof und die Dithmarscher, 1487 erfolgt der Widerruf des Kaisers, was die Stellung Dithmarschens betrifft.

1476 Papst Sixtus IV. bestätigt dem **Bremer Erzbischof** den Besitz Dithmarschens, zugleich auch die Regentschaft der 48 Richter.

1500 **Schlacht bei Hemmingstedt:** Am 17. Februar 1500 wird das Ritter- und Söldnerheer des dänischen Königs Johann I. und seines Bruders Herzog Friedrich vernichtend geschlagen; Dithmarschen bewahrt seine Unabhängigkeit.

1544 Durch Erbteilung innerhalb des dänischen Königshauses entsteht das **Herzogtum Schleswig-Holstein-Gottorf**.

1559 Am 13. Juni werden die Dithmarscher in der **„Letzten Fehde"** besiegt. Das Land wird unter dem dänischen König Frederik II, Herzog Johann von Hadersleben und Herzog Adolf von Gottorf geteilt, nach dem Tod von Johann im Jahr 1581 wird **Norderdithmarschen** Herzog Adolf zugeschlagen, **Süderdithmarschen** dem König.

1643–1645 Im Dreißigjährigen Krieg (1618–1648) hat vor allem Norderdithmarschen während des als **schwedisch-dänischer Krieg** bezeichneten Abschnitts unter dem Durchzug verschiedener Truppen und unter Einquartierungen zu leiden.

1700–1721 Russische Soldaten als Verbündete Dänemarks in Dithmarschen. Der Hintergrund: Im **Nordischen Krieg** kämpfen Schweden, Russland, Dänemark und Polen um die Vorherrschaft in der Ostsee. Die Gottorfer Herzöge stellen sich auf die Seite Schwedens und verlieren.
Dänemark zieht das Herzogtum Schleswig-Holstein-Gottorf als „verwirktes Lehen" ein, bis 1773 bleibt ein Restherzogtum Holstein-Gottorf unter anderem mit Kiel und Norderdithmarschen.

1773 **Dänischer Gesamtstaat** als übernationaler und vielsprachiger Staatsverband unter einer Krone von Norwegen bis zur Elbe.

1807 Napoleonische Kriege: Dänemark wird auf die Seite der Franzosen gezwungen, Blockade der Elbmündung und **Kontinentalsperre;** Boom im Hafen von Tönning, weil Schiffe Hamburg nicht anlaufen können, Dithmarschen profitiert vom Transit.

1813/1814 Der Krieg erreicht Dithmarschen: Schwedische Soldaten, russische Kosaken und auch preußische Freischärler ziehen durch das Land. Der Schweden- oder auch **Kosakenwinter** belastet die Bevölkerung. Die Besatzer fordern Nahrung, Pferde und Fronarbeit.

1815 Gründung des **Deutschen Bundes** nach dem Ende des Heiligen Römischen Reiches deutscher Nation im Jahr 1806. Der dänische König wird als Herzog von Holstein – und Dithmarscher Landesherr – ebenfalls Mitglied.

1830 Auf deutscher wie auf dänischer Seite wachsen mit dem aufkeimenden Nationalismus die Spannungen. Die **„Eiderdänen"** wollen Schleswig bis zur Eider einem dänischen Nationalstaat einverleiben, die **„Schleswig-Holsteiner"** wünschen sich einen Bundesstaat Schleswig-Holstein als Teil eines deutschen Nationalstaates.

1848–51 **Schleswig-Holsteinische Erhebung**, der „Drei-Jahres-Krieg", dem ersten der schleswigschen Kriege, Verlierer sind die Schleswig-Holsteiner, obwohl sie zeitweilig von Preußen und anderen deutschen Staaten unterstützt werden.
Im August 1850 nehmen dänische Soldaten **Friedrichstadt** ein, im Oktober wird die Stadt von schleswig-holsteinischen Truppen bombardiert.

1852 Dänemark verpflichtet sich, die Herzogtümer Schleswig und Holstein mit Dithmarschen als getrennte, selbstständige Einheiten aufrechtzuerhalten.

1863 Der dänische König Christian IX. unterschreibt eine neue **Verfassung**, die Schleswig vollständig in das Königreich integriert. Dies führt 1864 zum **Deutsch-Dänischen Krieg**. Dänemark muss Schleswig, Holstein und Lauenburg an Preußen und Österreich abtreten.

1867 Schleswig und Holstein, damit auch Dithmarschen, werden **preußische Provinz**.

1933 Dithmarschen stimmt bei den Reichstagswahlen mit mehr als 60 Prozent für die NSDAP. Eine **Krise** der Landwirtschaft als Folge der Inflation von 1923, schlechten Ernten sowie der Wirtschaftslage der 1930er Jahre (Deflation) sorgen für eine bäuerliche Protestbewegung, die sich zunehmend radikalisiert.

1945/46 Dithmarschen und Eiderstedt werden von der britischen Besatzungsmacht zeitweilig zum **Internierungsgebiet** für mehr als 400.000 Soldaten. Außerdem müssen in Dithmarschen fast 100.000 Flüchtlinge untergebracht werden.

1970 **Gebietsreform:** Die seit 1581 bestehende Teilung in Norder- und Süderdithmarschen wird aufgehoben; Heide wird Kreisstadt.

Mehr über Dithmarscher und über schleswig-holsteinische Geschichte unter:
www.dithmarscher-landeskunde.de
www.geschichte-s-h.de

Literatur

Alberts, Klaus: Dithmarscher Freiheit, Heide 2020

Albrecht, Dietmar: Literaturreisen Schleswig-Holstein, Stuttgart 1993

Danker, Uwe: Die Jahrhunderstory, Band 3, Flensburg 1999

Degn, Christian: Schleswig-Holstein, eine Landesgeschichte, Neumünster 1995

Histour Dithmarschen, Hg. Touristikzentrale Dithmarschen u. Verein für Dithmarscher Landeskunde, Heide 2003

Kelm, Rüdiger (Hg.): Auf den Spuren der Dithmarscher Geschichte – Erinnerungsorte zwischen Steinzeit und Gegenwart, Heide 2012

Lorenzen-Schmidt, Klaus-Joachim u. Pelc, Ortwin: Das neue Schleswig-Holstein-Lexikon, Neumünster 2006

Meier, Dirk: Die Eider – Flusslandschaft und Geschichte, Heide 2016

Opitz, Eckardt: Schleswig-Holstein – Das Land und seine Geschichte, Hamburg 1997

Sax, Peter: Werke zur Geschichte Nordfrieslands und Dithmarschens, Band 5,

Reprint. Hg. Albert Panten, St. Peter-Ording 1986

Thiesen, Erich: Eider-Treene-Sorge, Schleswig 2011

Trende, Frank: Jules Verne auf Eider und Kanal, Heide 2020

Wenners, Peter: Schleswig-Holstein und Dänemark, Geschichte im Spiegel der Literatur, Heide 2019

Kelm, Rüdiger (Hg.): Auf den Spuren Dithmarscher Geschichte, Heide 2012

Kurs Schleswig-Holstein: Hg. Landesamt für Denkmalpflege Schleswig-Holstein, Hamburg 2007

Bildnachweis

Hansen & Mengel, Rendsburg
12

Wasser- und Schifffahrtsverwaltung
19

Bundesamt für Wasserbau
22

Dr. Jürgen Rohweder, Sammlung
23 o.

Luftbildservice Bernot, Westerrönfeld
28

Tourist-Info Burg
32, 125

Archiv Dithmarscher Landeszeitung
52, 67, 85, 87 o., 89, 93 u., 99, 101 o., 138, 139, 176 u.

Lokschuppen Pahlen
55

Archiv Boyens Buchverlag
63, 87 u. , 92, 94, 95, 98, 115, 116

Ingo Lau
68, 69, 73, 84 u., 96

Archiv Dr. Dirk Meier
114, 116

LKN/ Andreas Birresborn
155

adobe stock
175

ACO Severin Ahlmann
185

Alle anderen Bilder:
Stefan Lipsky

Ausflüge am Kanal

Barbara Post/Stefan Lipsky

Am Nord-Ostsee-Kanal

Touren-Begleiter zwischen Brunsbüttel und Kiel
2020. 160 Seiten, 172 Abbildungen, kartoniert
ISBN 978-3-8042-1522-1